AF349326

1939-1945
WORLD WAR TWO

AUTORE

Luigi Poggi, classe 1926, volontario a 15 anni nel Reggimento "Giovani Fascisti", combatté a Bir el Gobi e, dopo l'Armistizio, nella Legione "Tagliamento" della Guardia Nazionale Repubblicana. Nel dopoguerra terminò gli studi di Ragioneria seguendo corsi serali, mentre lavorava come fattorino in un istituto bancario di Milano, dopo il quale proseguì la carriera come impiegato e, successivamente, come direttore di diverse filiali. Trasferitosi per motivi di lavoro in provincia di Varese, raggiunta l'età della pensione, si impegnò nel sociale, assumendo anche ruoli amministrativi per un istituto di cura per anziani, e si dedicò alle sue più grandi passioni: la fotografia e la radio. "Andò avanti" nel 2009.

PUBLISHING'S NOTES

LICENSES COMMONS

For a complete list of Soldiershop titles please contact Luca Cristini Editore on our website: www.soldiershop.com or www.cristinieditore.com. E-mail: info@soldiershop.com

Titolo: **I MIEI ANNI CON LA LEGIONE "TAGLIAMENTO" 1943-1945** Code.: **WTW-027 IT** Di Luigi Poggi e a cura di Paolo Crippa ISBN code: 978-88-93278225 prima edizione Gennaio 2022

Lingua: Italiano Nr. di immagini: x dimensione: 177,8x254mm Cover & Art Design: Luca S. Cristini

WITNESS TO WAR (SOLDIERSHOP) is a trademark of Luca Cristini Editore, via Orio, 35/4 - 24050 Zanica (BG) ITALY.

WITNESS TO WAR

I MIEI ANNI CON LA LEGIONE "TAGLIAMENTO" 1943 – 1945

PHOTOS & IMAGES FROM WORLD WARTIME ARCHIVES

LUIGI POGGI

INDICE

PREFAZIONE

"Solo quei forti scesero, onta ai fratelli, in campo"

Questo fu il motto della 1ª Legione d'Assalto M "Tagliamento", uno dei più controversi reparti delle Forze Armate della Repubblica Sociale Italiana, unità duramente impegnata esclusivamente nella lotta contro i partigiani, contro i quali operò una feroce repressione e che, di conseguenza, subì un'altrettanta feroce reazione partigiana.

Ebbi la ventura, vent'anni fa di conoscere in modo del tutto casuale un uomo che dimostrò fin da subito una grande benevolenza nei miei confronti, tanto da raccontarmi buona parte della sua vita, davanti a numerosi caffè, bevuti in sua compagnia, nel suo appartamento che dava sulla piazza di una cittadina della provincia di Varese. E così, tra i tanti aneddoti che condivise in quei momenti, venni a sapere che quello che per me rimase sempre *"il signor Luigi"*, classe 1926, era partito volontario a 15 anni, per inseguire l'ideale in cui era stato cresciuto, quello fascista, si arruolò nel Reggimento *"Giovani Fascisti"*, combatté a Bir el Gobi come mitragliere, perdendo mezzo pollice per colpa della canna arroventata del suo Breda 30. Mi raccontò dello sgomento che lasciarono in lui l'arresto di Mussolini e l'8 settembre, tanto che lui, diciassettenne, si sentì completamente allo sbando e privo di guida e con questo stato d'animo si unì al Legione *"Tagliamento"*. Gli confessai di conoscere poco o nulla di quel reparto e lui mi prestò un libro, dicendomi che, prima di ogni altra cosa, avrei trovato in quelle pagine lo stato d'animo che lo accompagnò negli anni bui della Guerra Civile. Il libro era *"Tiro al piccione"* di Giose Rimanelli, che descrive il travaglio interiore di un giovane volontario proprio nella *"Tagliamento"*. Parlai a lungo con *"il signor Luigi"* della sua esperienza di quegli anni, di quello che vide, di quello che lo sconvolse, della tanta violenza vista da ambo le parti e dei dubbi che lo perseguitarono. Passai momenti intensamente "umani" con lui, poiché mi aprì il suo scrigno dei ricordi, offrendomi una visione onesta di quelle esperienze, ammettendo, quando era necessario, gli episodi più crudi di cui fu testimone. Fu per me uno sprone ad approfondire il tema e lui mi lasciò numerose testimonianze degli anni passati nella 1ª Legione d'Assalto M *"Tagliamento"*: non volli però mai pubblicare nulla, spinto da una certa reticenza, nata dal modo assolutamente "intimo" con cui mi raccontò questa sua esperienza terribile. Una delle ultime volte che riuscii ad incontrarlo, *"il signor Luigi"* mi consegnò alcuni fogli pieni di appunti scritti a mano, dove raccontava, attraverso il linguaggio asciutto che lo contraddistingueva, alcuni episodi della vita con la Legione ed esprimeva alcune riflessioni, oltre ad una storia del reparto stesso[1], chiedendomi di pubblicare tutto, dopo che lui "sarebbe andato avanti".

A distanza di tanti anni dalla sua morte, dunque, però, ho ritenuto opportuno raccogliere il materiale che mi aveva consegnato e presentarlo in questo volume, che non ha la pretesa di essere una monografia approfondita, ma ha l'ambizione di cercare di fornire un quadro della storia della Legione, con la stessa onestà con cui mi fu raccontata.

Paolo Crippa

---

1 Scritta basandosi soprattutto sul testo di Giorgio Pisanò "Gli ultimi in Grigioverde".

▲ Un'immagine ravvicinata del labaro della 63ª Legione "Tagliamento" della Milizia Volontaria di Sicurezza Nazionale, da cui trasse origine la 1ª Legione M d'Assalto "Tagliamento" dopo l'8 settembre.

I MIEI ANNI CON LA LEGIONE "TAGLIAMENTO"

Mi appresto a scrivere queste riflessioni e questi ricordi, quando la guerra in cui mi trovai a combattere, spinto da giovanile inarrestabile fuoco, è terminata ormai da decine di anni. Nonostante sia passato così tanto tempo resta indelebile nella mia mente la memoria di quei giorni, che iniziarono per me quindicenne come un'avventura, quasi spensierata, nella mia mente paragonabile ad un libro di Emilio Salgari, ma che, ben presto, si trasformarono in dolori, paura e patimenti lontano da casa e che diventarono, nei mesi che seguirono l'Armistizio, una crudele sequela di violenza fratricida. Nonostante sia passato così tanto tempo restano indelebili nel mio cuore i sentimenti che quella esperienza provocò in me, sentimenti che diventavano via via sempre più angosciosi. Ho voluto brevemente raccogliere delle riflessioni e dei pensieri sulla mia esperienza di quei tempi e una breve storia della "Legione" che per me non vuole essere esaustiva, ma solo un riassunto di ciò che successe: lascio agli storici il compito di ricostruire in maniera completa e precisa le vicende della "Tagliamento", io sono stato solo una piccola pedina di una partita immensamente più grande di me e quindi ho una visione limitata a ciò che vissi in prima persona.

La mia formazione morale e politica risale agli anni della prima gioventù. Frequentavo assiduamente l'Oratorio della mia Parrocchia, dove appresi e feci miei tutti quei valori morali che mi hanno poi sempre guidato nella mia vita. Crescevo all'ombra del Fascismo e, come tutti i ragazzi della mia età ero stato assiduamente indottrinato dalla propaganda fascista ed ero fermamente convinto che il Duce fosse veramente il nostro "faro nella notte", così come avevo pienamente assorbito i precetti che mi erano stati insegnati giorno dopo giorno durante le giornate che trascorrevo con la Gioventù del Littorio. Per questo motivo, per me fu normale a 15 anni sentirmi fermamente convinto nel proposito di partire volontario per l'Africa. Non avevo potuto partecipare alla Marcia della Gioventù nel 1940, anche se avevo tentato in tutti i modi di farlo, scappando persino di casa, ma ero troppo, troppo giovane per quella manifestazione di spirito d'ardimento. Riuscii tuttavia, con uno stratagemma, a farmi arruolare nei "Giovani Fascisti", senza che nessuno in casa lo sapesse. Mi sentivo finalmente un soldato, pronto ad andare a combattere per il Duce contro gli Inglesi.

Dopo un periodo di addestramento, arrivammo in Libia alla fine di luglio del 1941. Gli istruttori mi dissero che mi trovavano portato e perciò avevo ricevuto delle nozioni per sparare con la mitragliatrice e quindi prima usai la Breda 30 e poi la mitraglia più pesante Breda 37, venendo anche promosso caporale.

La Battaglia di Bir el Gobi fu un inferno nel deserto, il terreno era duro, non riuscivamo quasi nemmeno a scalfirlo per aprire delle buche dove ripararci e quindi anche di notte ci sdraiavamo dentro quelle poche decine di centimetri che avevamo scavato, coprendoci con il telo tenda. Gli Inglesi erano degli avversari molto temibili, vidi tanti giovani camerati morire, ma riuscimmo comunque a dargli del buon filo da torcere. Iniziai a domandarmi più volte il perché io ero tra i graziati dai proiettili nemici, mentre intorno a me fischiavano pallottole e morivano tanti ragazzi, una domanda che mi perseguitò fino alla fine della guerra.

Continuai la campagna in Africa con la Divisione "Giovani Fascisti", fino in Tunisia, dove, durante un violentissimo combattimento, persi una falange del pollice, due dell'indice ed una del medio della mano sinistra, bruciati dalla canna della mitraglia arroventata, che non voleva saperne di essere cambiata. Questo mi valse la promozione a caporalmaggiore e mi costò però il rimpatrio per la convalescenza. Non sapevo che ormai le sorti della guerra volgevano al peggio e cosa ci aspettava da lì a poco, per cui essere rimandato indietro fu per me uno smacco.

Nell'estate del 1943 ero vicino a Roma, a Santa Severa, nell'XI Battaglione "Giovani Fascisti". Mi avevano fatto tornare in Italia a causa della menomazione che avevo riportato: questo non mi impediva di sparare la mitraglia, ma fui considerato non più adatto alla prima linea in Africa. Per me era stato un grande dolore, non mi sentivo più utile per la Patria. Nonostante le tante sofferenze patite al fronte ero ancora convinto che combattere fosse un mio dovere morale e questa cosa mi caricò di amarezza.

Era con questo stato d'animo che vissi il 25 luglio e la cattura del Duce. Nei giorni successivi sciolsero i Giovani Fascisti, qualcuno andò con gli Arditi del X, io volevo rimanere fedele alla camicia nera e riuscii a raggiungere con molta fortuna e con mille peripezie il LXIII Battaglione della Milizia ed a farmi accettare nelle loro file. Fummo travolti dalla notizia dell'Armistizio l'8 settembre, un'altra data che turbò ancor di più il giovane animo. Era tutto finito? Era finita la guerra? Era completamente finito il Fascismo? Adesso che cosa avremmo dovuto fare, sparare ai tedeschi? Queste erano le domande che mi passavano in continuazione in testa in quei giorni, era una tragedia immane, quell'Armistizio dell'8 settembre 1943, che ci mise tutti quanti nei guai.

Dopo tre o quattro giorni ci spostammo ad Ardea, dove arrivarono molte altre Camicie Nere sbandate, che cercavano un reparto dove continuare a combattere con i camerati tedeschi. Anche io mi ero fatto nel frattempo forte in questa decisione: rivoltare le armi contro i tedeschi era per me un tradimento! All'inizio pensavamo un po' tutti che avremmo combattuto insieme ai tedeschi, perché ci avevano fatto fare il giuramento al Fuhrer e poi non esisteva più uno Stato italiano Fascista. Ma poi ci fu l'annuncio della costituzione della Repubblica Sociale Italiana e ci trasferirono per un periodo a Roma, per poi farci tornare ancora una volta ad Ardea.

Di quel periodo conservo pochi ricordi, se non una grande confusione nella testa e nel cuore, una grande smania di tornare a combattere per l'Italia contro gli Alleati.

Ci aspettava un altro trasferimento, che per me, desideroso solo di tornare in linea, era un inutile perdita di tempo prezioso. Questa volta ci spostarono a Brescia e fu qui che nacque la "Tagliamento", simbolo la M rossa di Mussolini con il fascio littorio. Continuai a portare con orgoglio la mia camicia nera ed il fez altrettanto nero, che per me allora significavano tutto, tutta la mia vita, tutta la mia fede.

Ma poi le cose cambiarono.

Il periodo peggiore lo passai in Valsesia. Nemmeno quando combattemmo sul Mortirolo fu così dura e schifosa la guerra. In Valsesia conobbi il lato più tremendo della guerra, della guerra civile. Anche se avevo combattuto in Africa e avevo visto tanti ragazzi morire, non era la stessa cosa. In Africa sparavamo a gente che era nemica, parlava una lingua diversa dalla nostra, vestiva in maniera diversa dalla nostra, sparavamo a gente che ci era nemica.

C'era un senso a sparare contro gli inglesi, anche ucciderli aveva un senso, facevamo morti per difendere la grandezza dell'Italia, ci avevano insegnato. In Valsesia iniziammo a sparare a ragazzi che erano stati amici, che parlavano la nostra stessa lingua, che vestivano come noi. Sparavamo a gente che combatteva per l'Italia, come noi, un'Italia diversa da quella in cui credevamo noi, ma sempre per l'Italia. In Valsesia realizzai che sparavamo addosso a ragazzi come noi. Fu per me uno shock terribile.

Fu in Valsesia che vidi le cose più crudeli, in Valsesia ad un certo punto non distinguevo più i morti. Tutti eravamo carnefici e vittime, tutti, da entrambi le parti fummo violenti e senza un'anima. La frase "Pietà l'è morta" è la più adatta per quel periodo. Vidi ragazzi come me morti sbudellati a colpi di baionetta, ragazzi come me morti con i testicoli tagliati ed infilati in gola, ragazzi come me uccisi fulminati, ragazzi come me uccisi in un agguato. Lentamente diventavamo tutti uguali ai miei occhi, noi e i partigiani, non c'era divisa a distinguerci, c'era solo morte atroce. Tutti credevamo in un qualcosa, in un'Italia che secondo noi era migliore. E tutti morivamo, morivamo male, morivamo in mezzo ad un'indicibile sofferenza.

In Valsesia in Legione avevamo persino due o tre piccoli carri armati, non ho mai capito perché li avevamo, forse per fare più paura che fare effettivo danno, poiché non li usavamo quasi mai. Sui fianchi era stato scritto in grande "LEGIONE TAGLIAMENTO", quasi un monito per spaventare chi vedeva quei trabiccoli armati.

Alla fine, ci fu il Mortirolo, lì fu la nostra fine. Anche lì tra le montagne si suonò una triste musica, fatta di moschetti, di MAB, di mitraglia, di bombe. Era un concerto di proiettili di tutti i tipi, accompagnati dalla neve, dal freddo, dalla nebbia, dal buio. Eravamo saliti per stanare e sopraffare le Fiamme Verdi, ma non fu altro che un avanti e indietro di posizioni conquistate e di posizioni persi. E ancora di morti, tanti morti. Ragazzi feriti e morenti che chiamavano la mamma, la propria fidanzata, che bestemmiavano, che imploravano pietà. Quando lessi "Tiro al piccione" pensai proprio che contro di noi fu un tiro al piccione, un tiro a segno contro i nostri elmetti che avevano dipinto quel segno della Guardia Nazionale Repubblicana che pareva proprio un uccellaccio e che era diventato un facile riferimento su cui mirare e fare fuoco e, molto spesso, fare centro. Questo avanti e indietro per le pendici del Mortirolo continuò per parecchi giorni, continuò l'inferno di fuoco da entrambe le parti, arrivò anche l'ordine del comandante Zuccaro "O Mortirolo o morte", ma ormai il Fascismo stava esalando gli ultimi respiri. Poi raggiungemmo il Tonale, gli ultimi scontri, gli ultimi morti, solo dopo la guerra seppi cosa era successo a quei ragazzini che stavano alla Presolana e che furono uccisi senza un reale motivo se di inutile vendetta a Rovetta.

Io fui fortunato, avevo passato indenne quasi quattro anni di guerra, avevo perso solo qualche pezzo di dita, molti avevano perso il bene più prezioso e che non può essere risarcito: la vita. Mi toccò però un periodo di espiazione, la prigionia di guerra, nei campi per detenuti fascisti, che fu dura, ma animata in continuazione dalla speranza di poter fare ritorno a casa, i giorni dietro i reticolati passavano lenti, tutti uguali, ed ero pervaso continuamente da quella orrenda sensazione causata dalle tante morti inutili che avevo visto. Arrivò finalmente il momento di tornare a casa: in realtà non ero felice, avevo paura a rivedere la mia famiglia, non sapevo cosa fosse loro successo dopo la Liberazione, con un figlio Legionario, non sapevo cosa pensassero di quello che avevo fatto. Invece fu solo un ritrovarsi: il pianto disperato e liberatorio di mia madre e lo sguardo burbero di mio padre.

Nel dopoguerra partecipai alle rievocazioni organizzate dai reduci della Legione, ma, con il passare degli anni mi allontanai sempre di più. A mano a mano queste rievocazioni diventavano sempre più delle situazioni politiche, a cui partecipavano sempre più persone estranee a quello che noi della "Tagliamento" avevamo vissuto. A Rovetta spesso si presentavano persone che non avevano partecipato alla guerra, gente che anche anagraficamente non vi aveva potuto partecipare, ed erano queste persone a sollecitare spesso e volentieri il saluto al Duce. Venivano con la camicia nera, con i gladi o con le M rosse al colletto, mi sentivo come se scimmiottassero chi, come me, quei gladi e quelle M rosse le aveva portate davvero e ne aveva sopportato le conseguenze. Trovavo odiosa questa cosa. Io non rinnego quello che è stato, ma allo stesso modo non lo rimpiango: il Fascismo è finito con la morte di Mussolini. Per me è finito quel giorno.

Moltissimi anni dopo la guerra, arrivata la pensione, decisi di prendere il patentino da radioamatore. Conobbi moltissime persone grazie alla radio, accanto alla quale passavo molti dei miei pomeriggi. Un giorno iniziai a dialogare con un bresciano, e la conversazione ad un certo punto finì sulla nostra gioventù, sulle nostre esperienze passate. Scoprimmo così di esserci conosciuti in quella che poteva quasi sembrare una vita precedente: eravamo entrambi sul Mortirolo nell'aprile del '45, anche se da parti opposte, lui era un partigiano delle "Fiamme Verdi". Stranamente la discussione non si fece accesa, ci raccontammo i nostri ricordi ed i nostri stati d'animo di allora, ci accorgemmo che entrambi avevamo la voce spezzata dal pianto e condividemmo quanto dolore ci portavamo dietro.
Quando lessi il libro di Giose Rimanelli "Tiro al piccione" maturai una riflessione personale tanto lucida, quanto amara. Il libro altro non era che la storia di uno dei tanti della Legione "Tagliamento", uno dei tanti come me, un libro che ben interpretava il mio stato d'animo di quei tempi, così come lo stato d'animo di tanti miei giovani commilitoni, così come anche lo trovai nei libri di Mazzantini "A cercar la bella morte" o "I Balilla andarono a Salò" e di Ceracchini "Bandiera proibita". In quelle pagine realisticamente crude, mi ritrovavo giovinetto, proiettato in un mondo impazzito. Mondo dove più nessuno riconosceva il fratello. Come scritto da Giose Rimanelli... il primo che sparava poteva "riprovare"... Era l'unica regola che poteva salvarti. La mattanza è finita e spero che più nessuno voglia ricalcare quanto è stato dal '43 al 45'. La pazzia che ha preso quel periodo, ha lasciato un segno, ovvero, mai più odio tra i fratelli. Rivedendo quei luoghi (qui e là) mi sono chiesto: "Chi mi ha protetto?". Penso spesso agli amici "caduti" e mi chiedo il perché nessuna pallottola era per me; in quanti hanno pregato per me? Di tutto ciò che è stato, mi chiedo: ...ne è valsa la pena? ...Per chi poi?"

Luigi

LA 1ᴬ LEGIONE D'ASSALTO M "TAGLIAMENTO"

1. La "Tagliamento" prima dell'Armistizio

La 63ª Legione d'Assalto CC.NN. "Tagliamento" fu mobilitata nel febbraio 1941 per essere inquadrata nella Divisione di Fanteria "Pistoia", era costituita da:

- LXIII Battaglione d'Assalto (Udine) al comando del Primo Seniore Ermacora Zuliani
- LXXIX Battaglione d'Assalto (Reggio Emilia)[2] al comando del Primo Seniore Alberto Patrocini
- Compagnia Mitraglieri (Piacenza) al comando del Primo Seniore Zanotti

La Legione era comandata dal Console (poi promosso Luogotenente Generale) Niccolò Nicchiarelli.

L'inizio della Campagna di Russia e la costituzione del C.S.I.R. fecero trasformare la "*Tagliamento*" in Legione Autocarrata. Poiché la Legione disponeva ancora di una potenza di fuoco limitata e non sufficiente per l'impiego al fronte, le furono aggregati anche una seconda Compagnia Mitraglieri, la 103ª Compagnia CC.NN. di Cuneo, comandata dal Centurione Gentile, ed il LXIII Battaglione Armi d'Accompagnamento "*Sassari*" del Regio Esercito, comandato dal Tenente Colonnello De Franco. L'organico della "Tagliamento" risultava così composto da 1.191 fra ufficiali e Camicie Nere, 284 fra ufficiali e soldati del Regio Esercito e da 133 autieri, anch'essi provenienti dal Regio Esercito. Benito Mussolini passò in rivista la Legione a Marmirolo presso Mantova, mentre si accingeva a lasciare la Patria, poco prima di partire per la Russia. La Legione, aggrega al Corpo di Spedizione Italiano in Russia, fu successivamente promossa sul campo ad unità scelta M e il labaro decorato di Medaglia d'Oro e di Medaglia d'Argento sul campo.

Dopo un lungo viaggio via ferrovia, la Legione giunse in Romania il 23 agosto 1941, da dove si diresse a Perwomajsk, dove il 27 fu posta alle dipendenze della Divisione di Fanteria autotrasportabile "Torino" ed il 9 settembre si posizionò a difesa di un tratto della sponda occidentale del fiume Dnepr, passando alle dipendenze tattiche della 3ª Divisione Celere "*Principe Amedeo Duca d'Aosta*", sostituendo il Reggimento "*Lancieri di Novara*". Successivamente partecipò a tutte le maggior operazione delle truppe italiane operanti sul fronte russo, fra cui la celebre "battaglia di Natale" combattuta fra il 25 e 31 dicembre 1941.

Dall'entrata in linea il 9 settembre 1941 al 31 gennaio 1942, la Legione ebbe 126 caduti (di cui 7 ufficiali), 262 feriti ospedalizzati (di cui 12 ufficiali), 97 feriti curati presso la Legione (di cui 9 ufficiali), 379 congelati (di cui 11 ufficiali) e 95 dispersi (di cui 5 ufficiali). La percentuale delle perdite rapportata alla forza della Legione presente all'atto del passaggio del confine al Brennero, in sei mesi di operazioni era stata del 65 per cento (44 ufficiali e 915 legionari e soldati).

---

2 Proveniente dalla Legione "*Cispadana*".

Dopo un lungo periodo di riposo, sempre alle dipendenze della 3ª Divisione Celere, a metà aprile 1942, la *"Tagliamento"* fu avvicendata dalla Legione Croata e fu trasferita a Makejewka per riordinarsi. Con la trasformazione del C.S.I.R. in A.R.M.I.R., la Legione *"Tagliamento"*, conservando l'antico nome, si trasformò in Gruppo *"Tagliamento"* e, con l'aggiunta del Gruppo *"Montebello"*, in arrivo dall'Italia, avrebbe costituito il Raggruppamento *"3 Gennaio"*.

Il comando della Legione fu successivamente assunto dal Console Domenico Mittica.

La mattina del 26 agosto il Gruppo *"Tagliamento"*, ridotto ad una forza complessiva di soli 14 ufficiali e 420 Camicie Nere, schierato sui costoni a nord-ovest di Gorbatowo, ricevette l'ordine di spostarsi a nord-est della stessa località per presidiare la Quota 228, sulla dorsale fra le valli Kriuscha e Zuzkan. Ma la località, contrariamente alle previsioni, risultava essere già occupata dal nemico. Al Gruppo fu quindi affidata la difesa di un fronte di 15 km e ad essa provvedeva con occupazione nucleare collegata, nei suoi elementi fissi, da pattuglie mobili con armi automatiche. Il 2 settembre tutto il Gruppo *"Tagliamento"* fu ritirato dalla linea del fronte e trasferito in riserva divisionale.

Nel gennaio 1943 il Gruppo fu coinvolto nella massiccia offensiva sovietica e fu travolto con tutta l'A.R.M.I.R. nel corso dell'operazione *"Saturno"*, venendo decimato negli organici.

Il comportamento della "Tagliamento" non passò inosservato e tanto gli italiani quanto i tedeschi ed i russi ne sottolinearono la combattività. Esemplare questa frase di Nikita Kruscev: *"Ho combattuto contro gli italiani nel bacino del Donetz ed avevo di fronte proprio le Camice Nere, che ritenevo i più malvagi fra gli italiani. Avevano combattuto bene e pensavo che fossero accaniti contro di noi. Dopo avere interrogato numerosi prigionieri ho dovuto constatare che non avevano odio nei nostri riguardi"*.

L'unità partecipò in pratica a tutte le più importanti battaglie del CSIR sul Fronte Orientale pagando un prezzo altissimo: 44 ufficiali e 915 legionari persi in sei mesi. Alla fine della Campagna di Russia il Raggruppamento "3 gennaio" contava il 77% delle perdite rispetto alla forza iniziale.

Rientrato in Italia, il Battaglione fu ricostituito ed inserito nella costituenda 1ª Divisione Corazzata Legionaria M nell'estate dello stesso anno. Dopo l'arresto di Mussolini il 25 luglio, la Divisione, passò sotto il controllo del Regio Esercito e fu messa di fatto in "stato d'attesa", mutando denominazione in 136ª Divisione Corazzata *"Centauro II"*. L'Armistizio vide la Divisione lontana dagli scontri succeduti in quelle calde giornate e, dopo pochi giorni, i Tedeschi si riappropriarono degli armamenti che avevano ceduto all'unità italiana, senza colpo ferire.

2. 1ª Legione M

Nelle convulse giornate che seguirono l'Armistizio, il LXIII Battaglione M, che era composto perlopiù da uomini provenienti dall'Italia centrale e dalle regioni del Nord-Est, abbandonata la Divisione "Centauro", si unì al Battaglione Allievi Ufficiali della M.V.S.N. di Ostia Lido, rifiutando le clausole armistiziali, trasferendosi il 12 settembre da Bagni di Tivoli ad Ardea. Contemporaneamente, il XIV Battaglione M, che dipendeva dal 111° Reggimento

Costiero, decise di continuare a combattere accanto al 7° Reggimento Paracadutisti tedesco, rimanendo così in armi. Il 12 settembre il comandante del XVI Battaglione M, colonnello Gustavo Marabini, fu convocato presso il Comando della 2ª Divisione Paracadutisti tedesca a Castel Porziano, dove gli fu proposto di assumere il comando di una costituenda formazione di volontari italiani, che avrebbe continuato la guerra accanto alle Forze Armate germaniche. Il giorno successivo il LXI Battaglione si trasferì dunque ad Ardea, dove si aggregò al LXIII Battaglione M ed alle aliquote del Battaglione Allievi Ufficiali. Il 14 settembre, chiamati a rapporto gli ufficiali di tutti i reparti presenti, fu costituita ufficialmente la 1ª Legione M, comandata dal colonnello Marabini ed organizzata su due Battaglioni, il XVI Battaglione M al comando del maggiore Angelo Porcelli ed il LXIII al comando del maggiore Merico Zuccari. La Legione fu posta alle dipendenze operative della 2ª Divisione Paracadutisti, la quale provvide ad inviare 5 ufficiali di collegamento, che avevano anche il compito di istruire i reparti della Legione, secondo lo standard germanico. In virtù della dipendenza operativa dalla Divisione Paracadutisti, i legionari dovettero prestare il giuramento militare tedesco.

Il 22 settembre l'unità ricevette la visita di Renato Ricci, comandante generale della M. V.S.N., il quale comunicò che la Legione avrebbe cessato di dipendere dalla Divisione tedesca e che sarebbe stata trasferita a Roma. L'ordine di trasferimento giunse il giorno successivo e la Legione presso la Caserma *"Mussolini"*. Il 29 settembre, su ordine del Comando dell'XI Corpo Aereo tedesco, la Legione fu trasferita in Abruzzo, nella zona di Rieti, dove si stavano formando bande di ribelli. Qui l'unità rimase fino al 27 ottobre e fu impiegata sulle montagne appenniniche in operazioni di rastrellamento degli ex prigionieri angloamericani fuggiti dai campi di concentramento. La Legione fu quindi nuovamente trasferita ad Ardea, dove proseguì e completò l'addestramento controguerriglia. Il 23 novembre la 1ª Legione M fu smembrata: il XIV Battaglione M fu trasferito a Roma, mentre, il LXIII M Battaglione rimase ad Ardea per l'addestramento alla controguerriglia fino al 30 novembre 1943.

3. La "Tagliamento" in Valsesia

A quella data, in virtù delle buone prove fornite prima dell'Armistizio, il Comando Generale della G.N.R. autorizzò la ricostituzione della Legione *"Tagliamento"*, formata dal solo LXIII Battaglione M. La neocostituita Legione fu inviata in provincia di Brescia, prendendo sede e a Chiari (BS), da dove, la mattina del 10 dicembre, la 1ª Compagnia partì per effettuare un rastrellamento sul monte Darfo, poiché, in seguito alla segnalazione di un Aiutante della G.N.R., si era scoperto che si stava organizzando un forte gruppo di partigiani ben armati. La marcia di trasferimento fu estenuante, compiuta in mezzo alla neve, ma, giunti nella località segnalata, i militi della Legione individuarono su di un pianoro una baita. Nonostante le precauzioni prese nell'avvicinamento, i partigiani scoprirono i movimenti nemici e la loro reazione fu forte e vennero uccisi due militi e ferito il comandante della Compagnia. Il combattimento riprese dopo che il comando dei legionari fu assunto dall'Aiutante Fiorineschi e, dopo un breve ma intenso scontro a fuoco, il nucleo partigiano fu praticamente annientato. La più alta aspirazione dei militari della "Tagliamento" così come per ogni altra unità della

Repubblica, sarebbe stata quella di poter essere inviata sulla linea del fuoco per contrastare a viso aperto le truppe Anglo - Americane, ma, da questo momento, alla Legione fu assegnato l'incarico più difficile, ingrato e pericoloso: il presidio del territorio a protezione delle bande che, col passare dei mesi, si facevano sempre più aguerrite e intraprendenti.

Il 19 dicembre giunse l'ordine di trasferimento nel Vercellese, poiché in quella provincia la situazione stava peggiorando, soprattutto in Valsesia. Infatti, già dall'inizio del mese, alle autorità politiche e militari della R.S.I. in Piemonte giungevano pressanti le richieste di rinforzi del capo della provincia Michele Morsero, preoccupato dall'aggravamento della situazione dell'ordine pubblico in Valsesia e nel Biellese. Il giorno successivo il LXIII Battaglione, forte di circa 350 uomini, si trasferì perciò da Chiari a Vercelli, dove venne acquartierato nella caserma *Conte di Torino*, subito ribattezzata *Tagliamento*: al tenente colonnello Merico Zuccari fu affidato il compito di "pacificare" la Valsesia, il Biellese e la Valsessera, mediante l'adozione di "misure di rigore". Il giorno successivo il Battaglione si trasferì a Borgosesia (VC), al centro della zona dove i partigiani di Moscatelli avevano iniziato la propria attività ed erano riusciti ad eliminare buona parte dei Carabinieri delle locali Stazioni dell'Arma. La Legione attuò una politica repressiva particolarmente violenta: furono emanati bandi, che minacciavano la fucilazione di dieci ostaggi per ogni soldato repubblicano o tedesco ucciso. La mattina del 22 dicembre la cittadina di Borgosesia conobbe per prima la violenza della repressione: come rappresaglia per la morte di due militi repubblicani, avvenuta durante uno scontro con i partigiani di Cino Moscatelli, Zuccari ordinò la fucilazione di dieci ostaggi (quattro partigiani e sei civili, tra cui il podestà ed un ragazzo di soli 15 anni. Lo stesso giorno a Crevacuore furono devastate e date alle fiamme le abitazioni di alcuni antifascisti e fu assassinato un antiquario di origine ebraica, che favoreggiava i partigiani. Nelle settimane seguenti il battaglione compì rapide incursioni nelle zone in cui veniva segnalata la presenza dei "ribelli", per lo più in Valsessera e nella Valle Strona. In seguito a questi primi successi ottenuti contro i partigiani, il Capo della Provincia Michele Morsero inviò al comandante Zuccari un messaggio vergato di suo pugno che diceva:

"Console Zuccari
Borgosesia
Molto bene - continuate – esprimo il mio elogio ai tuoi ufficiali e legionari.
Morsero – Capo Provincia".

La sera della Vigilia di Natale 1943, la 1ª Compagnia andò a presidiare l'abitato di Crocemosso Santa Maria (BI), istituendo postazioni sui monti di Vallemosso, da subito fatte segno di attacchi partigiani, il più forte dei quali scatenato proprio la mattina del giorno di Natale. Il 31 dicembre la Legione scatenò un'operazione di rastrellamento, risalendo in forza la Valsesia, scontrandosi più volte con i partigiani del comandante Moscatelli e subendo gravi perdite. L'avanzata dei militi della *"Tagliamento"* fu fermata all'ingresso dell'abitato di Camasco (VC), dove due bande partigiane, con il sostegno di alcuni ex partigiani angloamericani, fuggiti dalla detenzione, effettuarono un robusto sbarramento. La Legione però scatenò un nutrito attacco alle posizioni dei partigiani, che furono costretti a ritirarsi sui monti. Il colonnello Zuccari si recò presso l'Ospedale di Vercelli a visitare i feriti ed a decorare con la Croce di Guerra al Valor Militare il legionario Ferretti, di soli 17 anni, promuovendolo per meriti al grado di legionario scelto.

Probabilmente proprio in questo periodo la "Tagliamento" riuscì a recuperar, secondo modalità non note 2 o 3 carri armati leggeri L3.

Il comandante Zuccari era un uomo tutto d'un pezzo, fedele al suo ideale ed inflessibile con i suoi uomini tanto quanto con i nemici. Mentre si trovava a Borgosesia un industriale tessile della Valsessera tentò di ammorbidirlo, facendogli trovare in dono una coperta in lana. Zuccari, sdegnato, fece restituire il dono, accompagnandolo da una piccata lettera:

"Ieri sera ritornando in albergo dove sono alloggiato, ho trovato in camera mia una coperta di lana per automobile che ho saputo essere stata lasciata da voi quale dono diretto a me.

Ho saputo che avete lasciato anche due tagli di panno diagonale ad altri due ufficiali.

Nel comunicarvi che la merce di cui sopra è stata consegnata al Dott. Testa perchè provveda a restituirvela, vi diffido, pena denuncia per tentata corruzione nei confronti di ufficiali di polizia giudiziaria, a desistere dal sistema che avete sempre avuto voi e tutti i plutocrati d'Italia per minare le fondamenta della Patria.

Sappiate che noi, repubblicani convinti, disprezziamo il denaro, rifuggiamo la vita comoda e tranquilla, amiamo il combattimento.

Noi siamo vessilliferi di una nuova Fede, di un nuovo Credo che hanno come base la lotta contro la corruzione, contro il mito dell'oro, contro la plutocrazia e tutte le forze più o meno occulte che agiscono all'ombra degli anglo-americani nostri nemici giurati.

Il Comandante Merico Zuccari".[3]

L'8 gennaio Morsero richiese l'invio di una Compagnia della Legione a Biella, per fronteggiare lo sciopero degli operai di alcuni stabilimenti locali, e qualche giorno dopo i militi fascisti si spinsero fino ad Andorno. Nei giorni seguenti, un Plotone della 3ª Compagnia cadde in un'imboscata mentre stava recandosi a bordo di autocarri a Varallo Sesia (VC), in soccorso della locale guarnigione tedesca. A seguito di questo attacco, il Battaglione scatenò una vasta azione di polizia nella zona di Varallo, con lo scopo di "ripulire" la valle dalle unità partigiane. Agendo insieme alle forze armate tedesche, l'operazione andò a sgretolare giorno dopo giorno il dispositivo partigiano. Il 19 gennaio i partigiani si trovarono stretti tra una colonna della "Tagliamento" che avanzava da Borgosesia ed una tedesca, proveniente da Omegna (VB), sostenuti da un treno armato della ferrovia Bettole – Borgosesia. Alla fine della giornata le forze partigiane, del tutto scompaginate, si dispersero completamente a nord di Varallo Sesia. All'inizio di gennaio la Brigata "Pisacane", comandata da "Gemisto" (Francesco Moranino), aveva occupato Postua (VC), un piccolo comune montano della Valle Strona, creando una sorta di piccolo governo autonomo. Il 25 gennaio, dopo ripetute puntate dei partigiani della "Pisacane", la Legione "Tagliamento" programmò di attaccare l'abitato, per eliminare la minaccia partigiana. La colonna della "Tagliamento", sostenuta da un carro L3 della Legione e da un'autoblinda AB41 di un reparto sconosciuto, risalì il corso del fiume Strona alle prime luci dell'alba, preceduta dai due mezzi corazzati. L'autoblinda penetrò nella frazione Naulina, che dava accesso al ponte di ingresso del paese, muovendo però con difficoltà nelle strette vie di accesso. I partigiani riuscirono così a bersagliarla dalle

---

3 Testo della lettera tratto da "Un paese in guerra" di Alessandro Orsi.

loro posizioni al di là del ponte e dalla frazione Riva, costringendo il blindato ad arretrare. Contemporaneamente però il piccolo L3 della *Tagliamento* attraversò l'alveo del torrente, oltrepassandolo a guado, e risalì la sponda opposta, mettendo in fuga i partigiani, che si trovavano così presi tra due fuochi. Nel giro di poco tempo la situazione dello scontro volse a favore degli attaccanti ed i partigiani dovettero cedere le posizioni, ritirandosi sui monti.

L'arrivo a Biella del CXV Battaglione M *"Montebello"* il 26 gennaio 1944 permise agli uomini del LXIII Battaglione di concentrare le proprie forze nel Biellese orientale, così come scritto da Morsero a Zuccari il 2 febbraio: "[…] *si è ravvisata la opportunità di dividere le zone di competenza per eventuali azioni, tra reparti tedeschi e reparti italiani, e più precisamente che ai reparti tedeschi venga affidata la zona del Biellese vero e proprio […] ed al LXIII Battaglione la zona […] comprendente quindi la Valsessera e la Valsesia"*. Il 4 febbraio, pertanto, il Comando del Battaglione si insediò a Pray (BI).

A fine del mese di gennaio del 1944 giunse da Roma il Battaglione *"Camilluccia"*, formato esclusivamente da volontari, che divenne il II Battaglione della Legione.

In Valsesia la guerra civile mostrò il suo lato più crudele e gli scontri con i partigiani proseguirono ininterrottamente per tutta la primavera: i legionari della *"Tagliamento"* si trovarono a fronteggiare imboscate, attacchi ai presidi, agguati, rispondendo con rappresaglie a volte cruente, che si conclusero anche con l'uccisione di civili e con l'incendio di abitazioni. Il 19 marzo una squadra di fucilieri a bordo di un autocarro cadde in un'imboscata nei pressi di Quarona, che causò la morte di un legionario. In seguito a questo attacco, la *"Tagliamento"* scatenò una rappresaglia, incendiando le case di partigiani (o presunti tali) a Varallo Sesia, Borgosesia e Quarona. All'inizio di aprile il Comando della Legione si spostò a Rimella (VC), da dove lanciò altre operazioni di rastrellamento e repressione, ma subendo anche numerosi attacchi. Nella notte del 6 aprile un autocarro con a bordo 23 legionari del II Battaglione urtò un cavo dell'alta tensione, teso da partigiani di una banda comunista, nei pressi del Ponte della Pietà a Quarona. L'autocarro, urtando un muro, prese fuoco, gli occupanti, sbalzati nell'impatto, cercarono di difendersi dal fuoco partigiani, ma furono uccisi praticamente tutti, ad eccezione di tre legionari, anche se gravemente feriti. Il funerale dei 20 legionari trucidati venne celebrato a Vercelli, con un' impressionante partecipazione della popolazione alle esequie. Questa imboscata fu un colpo durissimo per la *"Tagliamento"*, che contribuì a esacerbare gli animi dei fascisti, più che mai decisi a vendicare i propri commilitoni, che perseguirono una strategia basata sull'intimidazione della popolazione e su mirate operazioni di rastrellamento, condotte anche con brutalità.

Il 15 aprile la Legione fucilò due prigionieri alleati, catturati con le armi in pugno, a Varallo Sesia: un comando partigiano segnalò erroneamente che questa esecuzione era stata possibile grazie ad una delazione del cappellano della *"Tagliamento"*, padre Antonio Intrallaccialagli, che da quel momento divenne ricercato come criminale.

Intorno alla metà di aprile le tre Compagnie del LXIII Battaglione , che fino a quel momento avevano operato in movimento in Valsesia e Valsessera, si disposero a presidio: la 1ª Compagnia a Pray, insieme al Comando di Battaglione, la 2ª a Fobello e la 3ª a Rimasco, dove rimase fino all'11 maggio 1944, quando si trasferì a Curino. Il Comando rimase a Vercelli, mentre a Varallo si trovava una Compagnia di manovra.

Il 28 aprile la *"Tagliamento"* effettuò un'operazione contro alcune unità partigiane nella zona tra Premosello e Ornavasso, in provincia di Verbania: l'attacco fu portato da due colonne, sostenute dai carri leggeri della Legione.

L'8 maggio il presidio di Pray fu avvertito, da un ufficiale della Legione infiltratosi tra i ribelli, che, nottetempo, alcuni partigiani si sarebbero radunati in paese per attaccare il caposaldo della "*Tagliamento*". Un manipolo di legionari, quattro dei quali indossavano uniformi da paracadutista inglesi, dopo aver teso invano un'imboscata ai partigiani, perlustrando l'abitato di Santa Maria di Curino, ebbero un violento scontro a fuoco con i resistenti, che si erano ritrovati nell'osteria del paese, che terminò con la morte di parecchi partigiani. Tra il 29 maggio ed il 1° giugno 1944 ci fu l'ultima azione di rastrellamento della "*Tagliamento*" nel Vercellese - Biellese, al termine della quale l'unità ricevette la visita del Comandante della G.N.R. Renato Ricci, che recava l'ordine di un nuovo trasferimento, questa volta nelle Marche, sull'Appennino tosco-marchigiano.

4. Operazioni antipartigiani in Centro Italia ed in Veneto

Il 4 giugno 1944, dopo aver sfilato di fronte al Comandante della G.N.R. Renato Ricci, la "*Tagliamento*" partì per la nuova zona di operazioni. Il Comando si dislocò a Sasso Corvaro (PU), per coadiuvare lo schieramento tedesco in quel tratto di "Linea Gotica". In particolare, i due Battaglioni fornirono sicurezza ai Pionieri del Genio, intenti alla costruzione della "Linea Verde", che doveva essere una parte integrante della "Linea Gotica", operando tra la provincia di Arezzo e Pesaro. Nella circostanza emersero frizioni con i Comandi Tedeschi nella conduzione della repressione antipartigiana e anche con le organizzazioni di lavoro coatto (Todt e Organizzazione Paladino) nella ricerca dei renitenti alla leva repubblichina. Si trattò comunque di un periodo di relativa calma, se paragonato a quello, molto teso, passato in Valsesia. Il 6 agosto la Legione ricevette la visita del Duce, che encomiò solennemente il comportamento della "*Tagliamento*". Alla fine di agosto, quando ormai le unità tedesche in arretramento iniziavano a stabilirsi sulla "Linea Verde", la Legione "*Tagliamento*" fu trasferita nel vicentino, occupando i paesi di Torrebelvicino, Staro, Recoaro Terme e San Vito di Leguzzano. La "*Tagliamento*" partecipò come unità mobile, accanto all' il 263. Ost-Batallion, tra le cui fila militavano soldati russi, ucraini e georgiani, a tutte le operazioni di rastrellamento in provincia di Vicenza, sulla Piana di Schio, a Thiene, sull'Altopiano di Asiago, su Cima 11, Cima 12 e sull'Ortigara. Il 10 Agosto i reparti della Legione furono così dislocati: il Comando del LXIII Battaglione a Recoaro, la 3ª Compagnia a Staro, il Comando del I Battaglione "*Camilluccia*" e la 4ª Compagnia a Valli di Pasubio, la 5ª Compagnia a San Vito di Leguzzano. A Torrebelvicino fu dislocato l'U.P.I. (Ufficio Politico Investigativo) della Legione, che divenne purtroppo in breve tempo tristemente famoso per le atroci torture a cui sottopose non solo i partigiani catturati con le armi, ma qualsiasi persona che, lungo una più o meno lunga catena di delazioni, veniva sospettata di essere un pericolo per la sicurezza. Il Colonnello Zuccari emise un comunicato in cui precisava: "*L'U.P.I. è alle dirette ed esclusive dipendenze del Comandante la Legione che ne è il capo*".

Di lì nella seconda metà di settembre la "*Tagliamento*" si portò nell'alto Trevigiano, sul confine con l'alto Vicentino, dove verso la fine del mese scattò la più feroce e prolungata repressione antipartigiana nella zona del Monte Grappa ("*Operazione Piave*"), che causò quasi 500 vittime. L'operazione fu ordinata dall'Alto Comando tedesco in Italia nel settembre 1944, con lo scopo di eliminare le formazioni partigiane che si erano concentrate appunto nella zona del monte Grappa. Vi si trovavano infatti circa 1.200 uomini della Brigata "*Giacomo Matteotti*", della Brigata "*Italia Libera Archeson*" (che aveva anche legami con i Gruppi di Azione Patriottica attestati in pianura) e della Brigata "*Gramsci*". Questi partigiani erano dotati prevalentemente di armamento leggero, composto da mitragliatrici Bren, mitra Sten, fucili e bombe a mano. Oltre alla Legione "*Tagliamento*", presero parte alla vasta operazione di polizia unità tedesche della Wehrmacht, delle SS, dei Gebirgsjäger e del Polizeiregiment "*Bozen*", volontari ucraini. Da parte italiana vi erano reparti del Corpo di Sicurezza Trentino, le Brigate Nere di Vicenza e di Treviso e alcune compagnie della Guardia Nazionale Repubblicana. Vi era inoltre il sostegno di armi pesanti, cannoni, mortai, autoblindo, mitragliatrici pesanti e lanciafiamme.

Il rastrellamento prese il via alle 6:30 del 20 settembre, a partire dal versante est del Monte Grappa. La maggior parte dei partigiani si ritirò sulle sommità, ma lì furono catturati e alcuni anche fucilati sul posto. La Legione setacciò palmo a palmo il vasto sistema di caverne, che caratterizzavano la zona, stanando una forte formazione partigiana, guidata da ufficiali alleati. Nel primo pomeriggio del giorno successivo i reparti dei partigiani iniziarono a ripiegare, dandosi alla fuga, riuscendo a raggiungere il fondovalle. Il 28 settembre erano ancora asserragliati sul Grappa ancora una ventina di partigiani, che riuscirono a dileguarsi senza essere catturati. I prigionieri furono fucilati, alcuni furono passati per le armi ed una parte fu deportata in Germania nei campi di Dachau e di Steyr-Münichholz.

A Bassano vi fu però una crudele azione dimostrativa: il 26 settembre 31 ribelli (alcuni dei quali catturati con l'inganno) vennero impiccati da militari tedeschi (aiutati da giovani avanguardisti delle "*Fiamme Bianche*") agli alberi dei bastioni nord della città, utilizzando un cavo telefonico legato ad un camion. I cadaveri furono lasciati esposti per quattro giorni, ciascuno con un cartello appeso al collo con la dicitura "*Bandito*".

5. Autunno e inverno 1944 – 1945

Il 28 ottobre la Legione si trasferì in Alta Val Camonica, in provincia di Brescia, dislocando presidi a Ponte di Legno, Temù, Vione, Vezza d'Oglio, Monno (lungo la Strada Statale n° 42), Carteno (lungo la Strada Statale n° 39) e Malonno. Dopo aver effettuato operazioni in Alta Valle per saggiare la consistenza delle forze partigiane, il 5 novembre l'intera Legione iniziò a spostarsi verso sud, per guarnire l'imbocco della Val Camonica, a protezione di importanti lavori di fortificazione: il Comando si dislocò a Pisogne, il I Battaglione tra Darfo e Marone (con una Compagnia a Zone) ed il Il Battaglione all'imbocco della Val Borlezza. Tra l'8 ed il 10 novembre furono effettuate delle brevi puntate a cortoraggio, ma a partire dall'11 novembre, dopo la scadenza del bando di presentazione dei renitenti alla leva, la Legione prese parte ad azioni controguerriglia ad ampio raggio, anche in concerto con i presidi delle locali Brigate Nere. Già il giorno 12 fu lanciata un'operazione su vasta scala, che, interessando tutti i reparti della "Tagliamento", andò ad interessare tutta la Valle dell'Oglio e la parte settentrionale del lago d'Iseo. Le unità partigiane si sciolsero, una parte dei resistenti fu arruolata nella Organizzazione T.O.D.T., ma la maggior parte riparò in Valtellina ed in Svizzera. Nella notte tra il 12 ed il 13 dicembre prese avvio un rastrellamento tra Sale Marasino e Sulzano, dove erano segnalati numerosi elementi partigiani. Quest'operazione raggiunse scarsi risultati, furono pochi i ribelli catturati ed alcuni riuscirono addirittura a fuggire, eludendo la sorveglianza dei legionari che li avevano in custodia. Tre giovani donne, sospettate di appoggiare il movimento partigiano, furono sottoposte alla truce pratica del taglio completo dei capelli.

A fine anno il Comando della "*Tagliamento*" stese una relazione riassuntiva delle operazioni dal novembre 1943, quando era nata la Legione:

"*Perdite subite: Caduti: 2 ufficiali, 3 sottufficiali, 44 legionari; feriti: 8 ufficiali, 12 sottufficiali, 83 legionari.*

Perdite inflitte: 750 prigionieri nemici catturati; 431 banditi uccisi; 401 banditi catturati; 136 favoreggiatori arrestati; 338 renitenti e disertori catturati.

Armi e Materiali catturati: 1 cannone da 47/32; 1 mortaio da 81 mm; 8 mitragliatrici di vario modello; 17 fucili mitragliatori italiani e stranieri; 275 moschetti Modello '91 e Mauser; 114 moschetti automatici; 19.000 cartucce per armi portatili; 1.033 bombe a mano; 7 quintali di esplosivi; 10 mine".

Dopo il Proclama Alexander, le formazioni partigiane cessarono temporaneamente quasi del tutto ogni attività e quindi la "*Tagliamento*" fu impegnata in modo particolari in operazioni di polizia, volte a stanare i renitenti alla leva e gli agitatori politici.

6. Le due battaglie del Mortirolo

Con l'arrivo della primavera del 1945 le bande partigiane si ricostituirono, rinforzate negli armamenti da numerosi lanci alleati, alcuni dei quali furono intercettati dai legionari della "*Tagliamento*", che poterono così equipaggiarti con mitra Sten. L'Alto Comando Tedesco valutò che il Mortirolo fosse il punto da attaccare, perché si trattava di una zona strategica, che metteva in comunicazione l'alta Valcamonica con la Valtellina e che da diverso tempo era diventato un nascondiglio sicuro per soldati americani fuggiti alla prigionia, disertori dell'esercito di Salò e partigiani delle Fiamme Verdi, che stavano concentrando in quella zona i propri reparti. All'inizio di febbraio del 1945 per ordine Il generale delle SS, Karl Heinz Bürger comandante della polizia tedesca nell'Italia Settentrionale – Est (Veneto e Lombardia Orientale) assegnò dunque il compito di attaccare il passo del Mortirolo alla Legione "*Tagliamento*". Il Comando tedesco non rivelò che questa mossa, oltre alle motivazioni esposte poc'anzi, nascondeva l'intenzione delle forze tedesche prendere pieno controllo della Strada Statale 42 del Tonale e della Mendola, per assicurare una via di fuga alle truppe germaniche verso il Trentino, nel caso in cui la Statale 12 del Brennero fosse risultata impraticabile, in vista di un'eventuale ritirata. Il 22 febbraio fu lanciata l'offensiva e le truppe del colonnello Zuccaro, col supporto di pochi soldati tedeschi di una sezione di artiglieria, erano convinte di poter svolgere una rapida azione di annientamento. In realtà quando il nucleo della "*Tagliamento*", composto da 62 uomini, giunse in vista della strada militare Aprica – Mortirolo, fu subito individuato dai partigiani, che poterono così organizzarsi e reperire anche un cannoncino da campagna. Gli attaccanti furono perciò bloccati da un pesante fuoco di sbarramento e si ritirarono verso Corteno, rimanendo impacciati nella neve; le divise invernali, dei militi della "*Tagliamento*", inoltre, erano di panno scuro e questo permise ai partigiani di bersagliarli con precisione, lasciando sul campo quasi metà degli effettivi. Il giorno successivo gli uomini della 1ª Compagnia furono mandati all'attacco, riuscendo a risalire il monte Podrio: lungo la strada furono accolti dallo straziante spettacolo dei loro compagni caduti il giorno precedente. Non trovando traccia dei partigiani, i militi della 1ª Compagnia fecero ritorno a Corteno, portando con loro le salme dei commilitoni, su barelle improvvisate. Gli scontri si susseguirono fino al giorno 27, senza che la "*Tagliamento*" riuscisse a raggiungere ed occupare le posizioni tenute dalle Fiemme Verdi. Secondo dati forniti dai reduci della Legione, ben il 45% delle forze attaccanti venne ucciso o ferito. Si concludeva così quella che sarebbe stata poi ricordata come prima battaglia del Mortirolo, con un risultato negativo per i repubblicani. Ciò alzò il morale dei partigiani, che passarono all'attacco e il 28 febbraio attaccarono, senza successo, la caserma di Viezza D'Olio.

Per tutto il mese di marzo i legionari della "*Tagliamento*", con il morale basso, si limitarono a presidiare il territorio, intercettando parecchi aviolanci alleati. Questo convinse il Comando della Legione che i partigiani potessero essere a corto di armi e munizioni, perché i rifornimenti erano stati catturati proprio dalla "*Tagliamento*" e quindi fu presa la decisione di lanciare un nuovo attacco al passo del Mortirolo. Negli ultimi giorni di marzo la 1ª Compagnia attaccò alcune posizioni esterne sul Mortirolo, senza apprezzabili risultati, e venne spostata al Castello di Teglio, per rispondere ad eventuali attacchi provenienti da quella parte. La mattina del 9 aprile il colonnello Zuccari ordinò l'avvio della cosiddetta "*Azione Mughetto*": il LXIII Battaglione M iniziò a risalire la vallata, per portare nuovi attacchi alle forze partigiane asserragliate sul monte. L'azione fu supportata anche da 300 uomini del II Battaglione delle Waffen SS italiane dell'82° Reggimento Granatieri, al comando del maggiore Sergio Bianchi, provenienti da Como, che attaccarono dal versante valtellinese, in concerto con la 1ª Compagnia del LXIII Battaglione. Dal lato bresciano si lanciarono gli altri reparti della Legione, supportate da due Compagnie della 5ª Brigata Nera Mobile Alpina "*Enrico Quagliata*", comandata dal tenente colonnello Arturo Pellegrini, e da una sezione d'artiglieria tedesca. Con un fuoco di preparazione d'artiglieria e dei mortai iniziava la seconda battaglia del Mortirolo, considerata da molti storici come la più grande battaglia campale sostenuta dalla Resistenza in Italia. Nonostante i repubblicani portarono vari attacchi, nessuno di questi riuscì a piegare le linee dei partigiani: fondamentale per la vittoria si rivelò la posizione predominante delle Fiamme Verdi, che erano arroccate in un sistema in trincee e fortificazioni sulla cima della montagna del Mortirolo risalenti alla Grande Guerra, da cui fu facilissimo bersagliere le truppe nazi-fasciste. Gli assalti delle forze repubblicane, condotti lungo direttrici diverse, si ripeterono l'11, il 12 ed il 13 aprile, senza riuscire a sfondare la linea difensiva dei partigiani. Nelle prime ore del 14 aprile, protette da una coltre di nebbia la 1ª e la 3ª Compagnia riuscirono ad appressarsi alle fortificazioni nemiche, ma il vento disperse la nebbia ed improvvisamente i legionari si trovarono del tutto allo scoperto e furono investiti da una tempesta di fuoco. Lo scontro più duro avvenne il 19 aprile Alle 6:00 di mattina gli obici tedeschi iniziarono a bombardare la sommità del passo dal fondovalle, concentrandosi su una cascina dove si riteneva fosse localizzato il comando partigiano, ed il bombardamento terminò all'incirca a mezzogiorno. Seguì quindi un attacco coordinato tra le forze della "*Tagliamento*" ed alcuni reparti della Wehrmacht, che cercavano di ritirarsi dalla Val Camonica. A nulla servirono il coraggio e l'ottimo comportamento degli attaccanti, poiché le posizioni erano site troppo in alto; giunta la sera la "*Tagliamento*" ripiegò, costretta a lasciare pietosamente i feriti sul campo. Il 25 Aprile il comandante della "*Tagliamento*" emanò un ordine del giorno che non permetteva repliche: "*O Mortirolo o morte*". Lo stesso giorno si scatenò l'insurrezione nazionale ed il generale Cadorna, comandante in capo del Corpo Volontari della Libertà, lanciò un ultimatum alle truppe della R.S.I. ed il "Capitano Sandro" (Lionelli Levi) inviò una missiva al comandante della "*Tagliamento*", che venne fatta pervenire, per mezzo di un parroco. Il messaggio conteneva un ultimatum: "*Avrete ascoltato anche voi, oggi alle ore 13, la radio di Milano liberata. A nome del Comitato di Liberazione Nazionale e del Comando Generale Alta Italia, vi intimiamo la immediata resa incondizionata. Solo un tale atto può salvare la vostra vita, quella dei vostri ufficiali e vostri legionari, a meno che non dobbiate essere sottoposti a procedimenti penali per reati. Vi avvertiamo che secondo gli ordini che ci sono stati impartiti dal generale Cadorna, Comandante generale del Corpo Volontari della Libertà, ogni militare del sedicente Governo Repubblicano Fascista che non si arrende alle formazioni dei patrioti sarà passato per le armi. Assumetevi la responsabilità di una risposta scritta in giornata. Il vostro silenzio sarà ritenuto, ad ogni modo, come rifiuto di aderire all'intimazione di resa*".

A questa missiva il comandante della Legione rispose il 27 aprile, tramite il parroco di Monno: "*La Valle Camonica è destinata ormai a diventare un campo di battaglia. Le truppe tedesche non si arrendono. Se le "Fiamme Verdi" non compiranno atti di ostilità contro la "Tagliamento", detta Unità non agirà contro le "Fiamme Verdi" stesse. Ad ogni azione di ostilità da parte delle "Fiamme Verdi" saranno i paesi della Valle a subire rappresaglia*".

Il Comando partigiano rispose al colonnello Zuccaro in questi termini: "*Abbiamo ricevuto la sua risposta negativa alla nostra intimazione di resa. Intimazione fattale a nome del Comitato di Liberazione Nazionale per l'Alta Italia. Avevamo creduto di parlare da soldati italiani ad un soldato italiano, dal quale ci dividevano diversità di ideali e di concezioni politiche, ma al quale ci dovevano unire ancora i legami derivanti dall'aver tutti appartenuto ad uno stesso Esercito che un tempo aveva combattuto gli stessi nemici della nostra Patria. Ci siamo sbagliati. Lei, signor Merico Zuccari, non è più soldato e nemmeno un italiano, lei è un volgare e sanguinano capo al soldo dei nemici d'Italia. Cerchi pure di difendere i suoi padroni tedeschi, a minacciare e ad attuare rappresaglie contro le popolazioni innocenti.*
Nessun militare della "Tagliamento" sfuggirà alla punizione che lo attende.
Vi diamo una sola parola, e siate ben sicuri che la manterremo: noi "Fiamme Verdi" della "Tito Speri" vi giustizieremo tutti.
Il Comandante Sandro"

Ricevuto questo messaggio, Zuccari decise di allentare la pressione sul Mortirolo e diede ordine che i reparti della "*Tagliamento*" si dirigessero verso il Tonale, da dove dirigersi verso il Trentino; il Battaglione SS Italiane decise invece di convergere su Tirano, mentre i superstiti della 1ª e della 3ª Compagnia marciarono verso Teglio. Nei giorni successivi continuarono gli assalti contro le postazioni partigiane, che non crearono però problemi ai partigiani, perché furono portati avanti per la maggior parte da sbandati in ritirata, che non accettavano di cedere. Da Edolo, dopo un giorno di sosta, la Legione giunse a Monno. Da lì il 29 aprile la "*Tagliamento*", unitamente ad aliquote della 5ª Brigata Nera Alpina Mobile ed agli elementi dei Presidi della GNR Territoriale, iniziò la marcia lungo la Strada Statale 42, in direzione del Passo del Tonale. Il 2 maggio furono sparati gli ultimi colpi contro i partigiani delle "*Fiamme Verdi*", mentre i reparti della 1ª Legione d'assalto M "*Tagliamento*" proseguirono in Trentino, dove si arresero al C.L.N. a Revò e a Fondo, in Trentino, il 5 maggio. Il colonnello Zuccari tenne un discorso di commiato ai legionari, terminando con queste parole: "*Ragazzi, è stato un onore per noi avere avuto l'occasione di combattere al vostro fianco. Vi siete fatti onore. Ricordateci qualche volta. In bocca al lupo legionari!*"

7. La fine dei presidi isolati

Dopo l'insurrezione del 25 aprile erano rimasti isolati tre presidi della Legione: quello di Lovere, quello di Teglio e quello del Passo della Presolana, che non erano riusciti a raggiungere il grosso della Legione e furono assaliti dai partigiani e i militi, per la maggior parte, furono uccisi come promesso dal comandante Sandro.

Il Plotone Guastatori del Battaglione "*Camillucia*", al comando dal vicebrigadiere Amerigo De Lupis, si arrese il 26 aprile e fu rinchiuso dal C.L.N. in un caseggiato nei pressi della Parrocchia di Lovere, dove subirono maltrattamenti. Il 30 aprile il legionario Giorgio Femminini ottenne di potersi sposare con Laura, sorella del legionario Cordasco, ma, non appena i legionari si recarono in chiesa, un gruppo di partigiani garibaldini irruppe nel luogo sacro. I legionari furono prelevati ed avviati in colonna per le strade del paese: nonostante la tensione del momento, i militi della "*Tagliamento*" marciarono cantando inni fascisti. Giunti al cimitero del paese, i legionari furono tutti passati per le armi. Presso l'ospedale di Lovere si trovavano degenti i legionari Emilio La Pera di 22 anni e Francesco De Vecchi di 19 anni, rimasti feriti nei giorni precedenti durante uno scontro con i partigiani. Per diversi giorni un gruppo di esagitati partigiani, ogniqualvolta facevano visita ad un loro compagno ricoverato al nosocomio, si recavano dai due legionari, per insultarli e minacciarli. Il fatto fu confermato dalla sorella di Francesco De Vecchi, che ne fu testimone oculare: "*Tutti i giorni, dei partigiani venivano a trovare Beppe, un loro compagno, ricoverato. Erano sempre percosse per mio fratello e per l'amico Le Pera*". Il dottor Tullio Corazzina, medico dell'ospedale, in un rapporto steso dai Carabinieri il 4 aprile 1957 dichiarò: "*Ricoverati per numerose e gravissime ferite, i due furono durante la loro degenza, soggetti di ripetute angherie e di continue minacce*". Si giunse così alla sera del 7 giugno, quando quattro partigiani armati irruppero nell'ospedale e prelevarono di peso i due legionari: i familiari dei due ragazzi, giunti per dare loro assistenza e conforto durante la degenza, tentarono in ogni modo di opporsi, ma fu detto loro che i due legionari dovevano essere sottoposti a processo. I due giovani furono invece trascinanti in riva al lago, sul molo di sant'Antonio, e percossi con sbarre di ferro: probabilmente ancora vivi, seppur agonizzanti, furono infine gettati nel lago. Nella già citata testimonianza del dottor Corazzina si legge: "*[…] prelevano, dal loro letto, i due feriti sanguinanti e, sordi alle implorazioni di una madre, li trascinano in riva al lago e, dopo averli seviziati, li gettarono nelle acque*". La mattina dell'8 giugno 1945 i familiari cercarono inutilmente i due ragazzi, trovando solo tracce di sangue sul pontile, segnale inequivocabile della fine che avevano fatto, ormai a guerra finita da più di un mese. Il lago d'Iseo non restituì mai più i loro corpi.

A Teglio aveva ripiegato dal Mortirolo un gruppo di legionari della 1ª Compagnia, comandati dal tenente Mazzoni, concentrandosi al Castello. Il giorno 28 i partigiani, ormai sicuri di non poter essere minacciati da nessun'altra colonna nazi – fascista in movimento, attaccarono il Castello, intimando la resa, ponendo come condizione per la libertà per gli uomini di truppa di imprigionare sottufficiali ed ufficiali. Dopo una lunga discussione tra chi voleva resistere in attesa degli Alleati (tra questi proprio il tenente Mazzoni) e chi invece era propenso alla resa, fu deciso di cedere le armi ai partigiani. Mazzoni, ritiratosi nel suo alloggio, dopo aver vergato un biglietto in cui diceva che per lui era impossibile vivere in un Paese guidato dagli antifascisti, si tolse la vita con la propria pistola. Dopo la resa i partigiani disattesero in parte le promesse fatte e trattennero non solo gli ufficiali ed i sottufficiali, ma anche alcuni legionari. I prigionieri subirono ripetute violenze finché, finalmente, non furono avviati verso i campi di internamento per i militari della Repubblica Sociale.

Un distaccamento del Battaglione *Camilluccia* era dislocato presso la Casa Cantoniera della Presolana, passo che unisce la Vall Seriana con la Val di Scalve. Il reparto era costituito da 49 militi, quasi tutti minorenni, alcuni dei quali appena quindicenni, al comando del sottotenente Roberto Panzanelli di 22 anni. Compito del presidio era di era quello di impedire alle formazioni partigiane dell'Alta Valle Dezzo di congiungersi con quelle sul Mortirolo. I compiti del reparto erano quindi di difesa statica, per cui questi giovani legionari non avevano partecipato mai ad altre operazioni di rastrellamento. Il 26 aprile giunse notizia da Radio Milano, ormai in mano ai partigiani, della disfatta tedesca e dell'invito a tutti i reparti della R.S.I. ad arrendersi ai C.L.N. locali. Dopo aver consultato i suoi ragazzi, il sottotenente Panzanella, sollecitato anche dal proprietario dell'albergo occupato dai militi, che temeva danni alla sua proprietà, decise di accogliere una proposta di resa del C.L.N. di Clusone. I componenti del presidio si misero dunque in marcia il 27 aprile, armati, diretti a valle verso l'abitato di Clusone, preceduti da una bandiera bianca portata da Alessandro Franceschetti, l'albergatore presso il quale i militi erano alloggiati al Passo della Presolana.

Giunta nel paese di Rovetta intorno alle 19:30, la colonna trovò costituito un C.L.N. locale, presieduto dal maggiore Pacifico, al quale Il sottotenente Panzanelli si presentò, consegnando la propria arma ed offrendo la sua vita in cambio della salvezza per i suoi ragazzi, che non avevano alcuna colpa. Vi fu quindi un serrato colloquio fra Panzanelli, Franceschetti e Pacifico, il quale rassicurò l'ufficiale della Tagliamento circa la consegna dei militi all'autorità competente. Pertanto, il reparto decise di deporre le armi e di consegnarsi: i militi vennero affidati al Parroco don Bravi, che ne curò l'accantonamento dapprima nei locali della scuola comunale e poi, per ragioni di sicurezza, in una baita, in località Zenier, per essere riportati nelle scuole la mattina dopo. Il maggiore Pacifico dichiarò di essere certo che non ci fossero pericoli di sorta e che i giovani legionari sarebbero stati consegnati ai reparti alleati come prigionieri di guerra. Ma in quella mattina del 28 aprile la situazione precipitò: il sottotenente Panzelli ignorava che questo C.L.N. si era autoproclamato tale, non aveva poteri effettivi e quindi le garanzie promesse non avevano alcun valore. Giunsero in paese due autocarri carichi di partigiani appartenenti alla 53ª Brigata Garibaldi "Tredici Martiri", alla Brigata "Camozzi" ed alle Fiamme Verdi, che prelevarono i militi dalla scuola dove erano custoditi e li portarono presso il cimitero del paese. Il sottotenente Panzanelli tentò invano di far valere lo scritto in suo possesso con le garanzie sottoscritte, ma il foglio con le firme gli fu strappato di mano e calpestato. Giunti presso il cimitero vennero organizzati due plotoni d'esecuzione e 43 dei prigionieri, di età compresa dai 15 ai 22 anni, vennero fucilati a gruppi di quattro o cinque. Gli uccisi furono 43 e, dopo il colpo di grazia, i loro corpi furono sepolti, alla rinfusa, in tre fosse comuni. Solo tre di loro furono risparmiati per la loro giovane età; scampò alla triste sorte anche il legionario Fernando Caciolo, che era riuscito a scappare durante la marcia di trasferimento al cimitero di Rovetta, trovando rifugio nella casa di un sacerdote.

Nel Cimitero di Rovetta una tomba, una lapide con il nome dei Caduti ed una croce ricordano il sacrificio dei 43 giovanissimi Legionari dalla Tagliamento. I loro resti mortali, ormai informi, nel novembre 1947, a cura dei familiari, vennero riesumati e traslati a Roma, nel Cimitero del Verano, dove riposano insieme.

La responsabilità del massacro è stata attribuita a Paolo Poduje detto il Moicano, che, in qualità di agente del SOE (un corpo speciale segreto britannico), diede ordine di prelevare i militi dalla scuola di Rovetta e, una volta giunti nei pressi del cimitero, di procedere con la fucilazione. L'identità del Moicano è restata ignota per molti decenni, ma lo stesso Moicano ammise di aver ordinato la fucilazione dei giovani, in una testimonianza dallo storico Angelo Bendotti, direttore dell'Istituto Bergamasco per la Storia della Resistenza e Dell'Età Contemporanea di Bergamo. Lo stesso Bendotti concluse però che era molto difficile chiarire la responsabilità ultima dei fatti, sia per la contraddittorietà delle testimonianze raccolte, sia per il coinvolgimento di agenti del SOE nella vicenda.

▲ Il Comandante Generale della M.V.S.N. Emilio Galbiati in visita a reparti della Milizia: alle sue spalle si nota il labaro della 63ª Legione "Tagliamento".

ORGANIGRAMMA

1ª Legione d'Assalto M "Tagliamento"

- Comando – comandante: colonnello Zuccari
    - U.P.I. – Ufficio Politico Investigativo
- Compagnia Comando
- I (già LXIII) Battaglione M "*Tagliamento*"
    - Comando – comandante: maggiore Ragonese Berna
    - Plotone Comando – comandante: sottotenente Pompili
    - 1ª Compagnia – comandante: tenente (poi capitano) De Mattei
    - 2ª Compagnia – comandante: tenente (poi capitano) Fabbri
    - 3ª Compagnia - comandante: tenente (poi capitano) Alimonda
- II Battaglione M "*Camilluccia*"
    - Comando - comandante: maggiore Menegozzo
    - Plotone Comando
    - Plotone Guastatori - comandante: vicebrigadiere De Lupis
    - 4ª Compagnia - comandante: tenente Colombo
    - 5ª Compagnia - comandante: capitano Poggi (fino al settembre 1944), successivamente tenente Sardo
    - 6ª Compagnia - comandante: tenente Silvestri
- Autoreparto – comandante: tenente Muzzi
- Compagnia Armi di Accompagnamento – comandante: capitano Nicoletti

La 1ª Legione d'Assalto M "*Tagliamento*" raggiunse un organico massimo di un migliaio tra ufficiali, sottufficiali e legionari. Secondo le autorità militari tedesche fu il reparto più efficiente a garantire la sicurezza del territorio.

Nel corso dei circa due anni di vita della Legione, la "*Tagliamento*" lamentò complessivamente 237 caduti ed oltre 300 feriti.

▲ Il Duce Benito Mussolini passa in rassegna i reparti della 63ª Legione "Tagliamento" prima della sua partenza per la Russia.

▲ Niccolò Nicchiarelli, comandante della 63ª Legione "Tagliamento".

▲ Legionari della "Tagliamento" salutano il passaggio dell'autocolonna militare, che trasporta Benito Mussolini e Adolf Hitler in visita ai reparti in Ucraina nell'agosto 1941 (ACS via Borgatti).

▼ Una pattuglia di legionari della "Tagliamento" avanza in una boscaglia sul fronte russo.

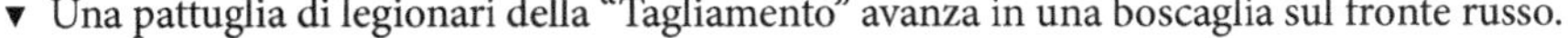

▲ Un autocarro FIAT 626 della "Tagliamento" in marcia su una polverosa strada in Russia, armato con una mitragliatrice Breda 37. Sul cassone si trova la dicitura "LEGIONE AUTOCARRATA CC.NN. TAGLIAMENTO".

▼ Legionari della Tagliamento nel gelido inverno russo (Poggi).

▲ Camicie Nere della Legione *"Tagliamento"* mostrano le proprie armi agli abitanti di un villaggio russo nell'estate 19411942 (*ACS via Borgatti*).

▼ Legionari accampati nei pressi di un villaggio agricolo in Russia nell'estate 19411942 (*ACS via Borgatti*).

▲ Mitraglieri della 63ª Legione "Tagliamento" in azione durante l'offensiva sul Don.

▼ La Legione "Tagliamento" schierata per la consegna della Medaglia d'Argento nell'estate del 1942 (ACS via Borgatti).

▲ Il labaro della Legione durante la cerimonia di consegna delle Medaglie al Valor Militare a reparti del Corpo di Spedizione Italiano in Russia d'argento (ACS via Borgatti).

▼ Il Generale Italo Gariboldi con il Generale Giovanni Messe, Edda Ciano e autorità militari italiane e tedesche, tra cui il Generale Richard Ruoff, consegna la Medaglie al Valore alla bandiera di un reparto del C.S.I.R. (ACS via Borgatti).

▲ Il comandante della "Tagliamento" bacia il vessillo della Legione "Tagliamento", appena decorato con Medaglia d'Argento al Valor Militare per le operazioni in territorio sovietico (ACS via Borgatti).

▼Militi di un Battaglione "M" trasportati a bordo di un autocarro di produzione tedesca, impiegato dalla "Tagliamento" in Russia nell'estate 1942 (ACS via Borgatti).

IL COMANDANTE MERICO ZUCCARI

Nato a Buenos Aires, Argentina, il 4 novembre 1906, figlio di Giovanni e Maria Stura, entrambi originari di Montefano, Zuccari rimpatriò nel 1907 con tutta la famiglia, diplomandosi perito agrario. Nel 1922 aderì al nascente movimento fascista, partecipando alla Marcia su Roma. Nel 1930 si arruolò nel Regio Esercito, nominato sottotenente di complemento della fanteria, passò poi nella Milizia Volontaria per la Sicurezza Nazionale, prestando servizio in Tripolitania con le Truppe Coloniali dal 1933 al 1935, e nel 1936 partecipò alla Guerra d'Etiopia come capomanipolo del I Battaglione CC.NN. d'Eritrea. Durante la Seconda guerra mondiale, combatté sul fronte Greco - Albanese, dove rimase mutilato al braccio destro in Albania ad Hodati. Alla data dell'Armistizio era comandante del LXIII Battaglione M *Tagliamento* e, dopo la costituzione della Repubblica Sociale Italiana e la costituzione della 1ª Legione d'Assalto M "Tagliamento", rivestì, a partire dal novembre del 1944 e fino al suo scioglimento avvenuto nel maggio 1945, il ruolo di comandante della stessa Legione, inquadrata nella Guardia Nazionale Repubblicana. Fu nominato tenente colonnello il 28 novembre 1943 e colonnello il 24 maggio 1944. Nel maggio 1945 riuscì a fuggire, passando per la Svizzera e poi tramite il porto di Genova, in Argentina, iniziando una latitanza con altro nome che durò 14 anni, mentre iniziava in Italia la persecuzione giudiziaria. Il suo nome figurava nell'elenco CROWCASS (*Central Registry of War Criminals and Security Suspects - Registro Centrale per i Criminali di Guerra e i Sospettati per la Sicurezza*), compilato dagli Alleati anglo-americani, delle persone ricercate dal Regno Unito per crimini di guerra e pubblicato nel 1947.

Fu condannato a morte in contumacia dal Tribunale Militare di Bologna per collaborazionismo e crimini di guerra, ma una successiva sentenza del 1950 dal Tribunale Militare di Firenze lo prosciolse completamente da ogni accusa. Posto in congedo ed espulso dall'Esercito Italiano nel corso dello stesso anno, nel 1952 il Tribunale Militare di Milano lo condannò all'ergastolo. Nel 1959 ottenne il beneficio della liberazione condizionale dal Tribunale Militare di Milano. Rientrato a Montefano nello stesso anno, vi morì nel dicembre per un infarto cardiaco.

Onorificenze

- *Croce di guerra al valor militare* con la seguente motivazione: "*Sostituendosi volontariamente al comandante di un reparto esploratori caduto, guidava le Camicie Nere al combattimento con perizia e valore. Assalito da numerosi armati, con fuoco aggiustato ed efficace riusciva a stroncarne un tentativo di accerchiamento. — Mai Beles, 21 gennaio 1936 – XIV*".
- *Croce di Ferro di I classe.*

8. Lettera postuma del comandante della "Tagliamento" colonnello Merico Zuccari ai suoi legionari

Colonnello M. Zuccari dall'Aldilà
Il Comandante ai suoi Legionari
(1° Battaglione M 63° - 1° Battaglione M Camilluccia)

Legionari! Miei cari legionari della 1° Legione "M" d'Assalto Tagliamento, vedo con piacere che non ci siamo dimenticati e tutti gli anni vi trovate a commemorare i 256 Caduti della nostra Legione. Caduti che riposano nei cimiteri di Vercelli, Edolo, Rovetta, Lovere, Roma e in quelli di ogni paese
toccato dalla lunga e sanguinosa odissea della Legione. La Legione si era costituita dopo l'8 settembre 1943 e si era sciolta a maggio 1945, dalla Valle Camonica dove voi legionari dei presidi distaccati, non potendovi unire al resto della Legione, siete presi dai partigiani e in treno tradotti a Brescia. Lungo il tragitto, ad ogni stazione il treno veniva fatto fermare, il conducente azionava l'apertura delle porte, sopra vi era scritto "Quelli della Tagliamento", ognuno saliva ed erano bastonate alla cieca per tutti. Come siete giunti alla stazione di Brescia, malconci e doloranti, vi hanno incolonnato, alla testa c'era la mamma del povero Tenente Giovanni Scolari, era morto da poco, in un malinteso scontro a fuoco ai Fondi di Schilpario il 28 notte 1945. Fatti sfilare tra due ali di folla urlante fino al Castello. Il Tenente Scolari, organizzatore e tutto fare di un giornaletto dedicato alla nostra Legione, dal titolo "La Bomba", diceva: che era uno scherzoso organetto vagabondo, indipendente dove ai legionari del "Camilluccia", con il primo numero del gennaio 1944 si presentava così "Legionari in EMME ROSSA abbiamo l'esponente delle nostre idee politiche, sociali, innovatrici del nostro movimento giovanile, nel grave momento che l'Italia sta attraversando. Ora noi vogliamo con questo nuovo organo del 1° Battaglione della Guardia portare alla luce lo spirito e la vita di noi legionari, iniziamo oggi il nostro numero di scapigliature e di fregnacce". Le fregnacce non mancarono nei soli tre numeri realizzati. Ricordo divertito il ritratto scherzoso fattomi dal tenente Scolari sul secondo numero de "La Bomba". E ricordo dispiaciuto di alcuni collaboratori del primo numero scomparsi nella lotta contro il nemico e l'editoriale di quel secondo numero, che conteneva non solo fregnacce ma "Ricordarsi che i nostri Caduti sono con noi, e che i Caduti per una causa santa come questa non possono venir misconosciuti e dimenticati".
Bravi i miei ragazzi. Il 30 aprile 1945, la maggioranza di noi ha raggiunto, sotto una bufera di neve, il Passo del Tonale, si è pernottato in quella caserma che allora era la Caserma Dux. Abbandonati gli automezzi per la mancanza di carburante, con una marcia lenta e faticosa siamo giunti il 4 maggio nelle vicinanze di Revò incontriamo il maresciallo dei Carabinieri Michele Sterchele, comandante la locale Stazione, al quale chiesi le ultime notizie sugli avvenimenti della guerra. Appresi della morte di Mussolini e che le truppe alleate si trovavano nelle vicinanze di Bolzano. Valutata la situazione e visto l'inutilità del proseguimento di una guerra ormai finita e su richiesta del maresciallo mi resi disponibile a trattare con il C.V.L. locale ed eventualmente a cedere le armi, con l'assicurazione che ai miei legionari, non venissero usati maltrattamenti di sorta. Dopo due ore circa, con i miei ufficiali, nel Comune di Revò, presente il comandante del C.V.L. della zona e il maresciallo dei Carabinieri si è deciso di deporre le

armi. Poi adunato i miei ragazzi, abbiamo reso gli onori ai nostri Caduti e ho ritenuto opportuno sciogliere la Legione Tagliamento. Alla spicciolata e per diverse direzioni ci siamo allontanati da Revò, molti di voi riuscirono a tornare a casa, alcuni finirono in galera e in campi di concentramento ma, altri trovarono la morte, assassinati dagli amici d'infanzia, sulle piazze dei paesi e perfino nelle proprie abitazioni: a Copparo, a Comacchio, a Lagosanto dove i fratelli Piva vennero uccisi con i genitori. Io, che mi ero incamminato verso la montagna, con lo zaino pieno di cibi energetici, proseguii per Cagnò – Mostizzolo, per raggiungere il confine svizzero. Dopo varie peripezie a Genova mi sono imbarcato per l'Argentina.

Nel dopoguerra, con i miei ufficiali della Tagliamento saremo processati/perseguitati dai vari tribunali. Siamo stati incolpati di ogni nefandezza possibile dove, tutti pronti a condannare senza appurare la fondatezza delle accuse. Un esempio: al Tribunale Militare di Milano nel 1952, si stava rievocando l'uccisione di un giovane a Pian d'Artogne il 6 aprile 1944, incolpati noi della Tagliamento: a quei tempi eravamo altrove, nella Valle Camonica siamo giunti a fine ottobre 1944.

Da notare che il colpevole di quella uccisione era già stato condannato in precedenza dalla Corte d'Assise Straordinaria, la vedova dell'ucciso aveva pure espresso il suo perdono. Tutti erano pronti a esecrare e a condannare la Tagliamento, fosse stata una banda di criminali senza legge e senza pietà. Ma non sanno cosa fu per sei mesi la vita dei miei Legionari dal dicembre 1943, nel dover mantenere l'ordine nella provincia di Vercelli, con le bande armate del Cino Moscatelli, scorrazzanti indisturbate. Il Capo della Provincia Michele Morsero, il 15 dicembre 1943, con espresso urgente al Ministero degli Interni: chiedeva rinforzi contro l'atteggiamento criminale dei ribelli alla macchia, con delitti vari verso la popolazione, in aumento di giorno in giorno, imponendo negli stabilimenti lo sciopero, obbligando i datori di lavoro a corrispondere i salari anche durante gli scioperi. Noi siamo trasferiti d'urgenza, da Chiari nel bresciano a Vercelli. Al nostro arrivo i muri del capoluogo erano tappezzati di manifesti dove si offrivano taglie: di cinquemilalire per ogni legionario ucciso, diecimilalire per l'uccisione di un ufficiale e cinquantamilalire per l'uccisione del comandante. La mia vita valeva cinquantamilalire partigiane. Abbiamo subìto agguati a militi isolati, uccisi e i loro corpi martoriati. Abbiamo avuto quarantotto imboscate: a Roccapietra, a Camaso, a Passo Baranca, al Ponte della Gula, quello del Baraccone, l'eccidio di Quarona al Ponte della Pietà e altre ancora. Lo stillicidio sul Mortirolo con i pugnali che finiscono i feriti. Siamo stati giudicati e condannati per aver reagito da soldati in divisa a quanto appena elencato, oppure avremmo dovuto farci accoppare tutti, così non potendo condannare i vivi, avrebbero condannato i morti. La mia latitanza in Argentina è durata 14 anni, nel frattempo sono stato condannato: a morte dal Tribunale di Bologna nel 1947, condanna poi revocata dal Tribunale di Firenze nel gennaio 1950, il Tribunale di Milano nell'agosto 1952 mi condanna all'ergastolo con degradazione e espulsione dall'esercito. Nel 1955 ottengo la liberazione condizionale e il 9 novembre 1959 la scarcerazione virtuale. Finalmente potrò tornare in Patria, in Italia, a casa e congiungermi alla mia famiglia. Come sono sceso dall'aereo, nel toccare

terra, volevo riabbracciare mia moglie Clara, mia figlia Maria e gli altri famigliari che mi aspettavano, ma l'emozione era troppo forte, il mio cuore ha ceduto e ho raggiunto i miei legionari. Caduti come fiori sparsi a primavera.

Dal vostro Comandante, il fu: Merico Zuccari

▲ Un autocarro della "Tagliamento" in sosta, mimetizzato tra le frasche. I legionari hanno esposto un vessillo tipicamente fascista (ACS via Borgatti).

▼ Distribuzione di doni alle Camicie Nere della "Tagliamento" durante una rivista in Russia. (ACS via Borgatti).

▲ Militi del XVI Battaglione "M" della 1ª Legione "M" nell'autunno del 1943 in Centro Italia, dove furono impiegati in azioni antipartigiani (Arena).

▼ Primo piano della Sezione Mitragliatrici di un reparto della "Tagliamento" durante una marcia di trasferimento (ACS via Borgatti).

► Il distintivo della Legione Camicie Nere "Tagliamento" fu consegnato a tutti i 1.200 militari della Legione, ad eccezione di 19 che non ne furono considerati degni, per avere partecipato con onore alla Campagna di Russia.

▼ Primo piano di due Camicie Nere della "Tagliamento" della Repubblica Sociale Italiana (Pisanò).

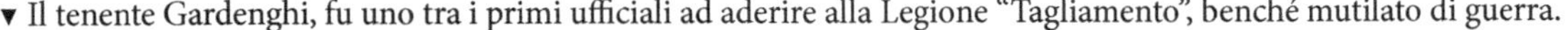

▲ Ufficiali del LXIII Battaglione "M" studiano su una carta topografica la disposizione delle postazioni partigiane in Valsesia nel novembre 1943 (Pisanò).

▼ Il tenente Gardenghi, fu uno tra i primi ufficiali ad aderire alla Legione "Tagliamento", benché mutilato di guerra.

GUARDIA NAZIONALE REPUBBLICANA
63° BTG. "M" TAGLIAMENTO

Prot. N° 44/RIS.   Vercelli, 21/12/943-XXII°

OGGETTO: Situazione forza, armamento, munizionamento e automezzi,
         63° Btg. "M". -

ALL' ECCELLENZA IL PREFETTO DELLA PROVINCIA DI

V E R C E L L I

Rif. Fono del 20 corr. trasmetto i dati richiesti:

	FORZA EFFETTIVA	FORZA PRESENTE
Ufficiali	N. 17	N. 16
Sottufficiali	" 34	" 31
Truppa	" 306	n 290 (1)
Totali	N. 357	N. 336

(1) Fra i 290 Legionari sono compresi anche i 14 che si trovano a
    Chiari e che rientreranno domani e dopo. =

ARMAMENTO:

moschetti mod. 91	n.	425
fucili mitr. Breda	"	26
mitragliatrici tedesche T 42	"	13
mortai Brixia da 45/mm	"	4
mortai da 81	"	6
cannoni anticarro da 37/mm	"	3

MUNIZIONAMENTO:

cartucce per moschetto	N.	36500
cartucce per fucile mitragl.	"	62000
cartucce per mitragliatrice T.42	"	110000
proietili per pezzi da 37/mm	"	1344
bombe a mano	"	4000

AUTOMEZZI EFFICIENTI:

Autocarri Fross Bussing	N.	6
" Ford	"	13
Autovetture	"	2
Motociclette	"	2

IL COMANDANTE DEL BATTAGLIONE
(1° Seniore Zuccari Merico)

▲ Situazione degli effettivi, dell'armamento, delle munizioni e degli automezzi della "Tagliamento" al 21 dicembre 1943.

▶ A Borgosesia (VC) la "Tagliamento" applicò con ferrea precisione la legge di rappresaglia, che aveva stabilito, già il 22 dicembre 1943. Sulla serranda di questo negozio si legge il macabro avvertimento: "Ne abbiamo fucilati dieci e siamo disposti a fucilare tutto il paese. 63° Btg. M".

▼ A sinistra, il legionario Venerio Solero Danti Solero fu uno tra i primi a cadere in un'imboscata partigiana nel vercellese. Morì a soli 17 anni il 30 dicembre 1943 tra Varallo Sesia e Camasco.

A destra, fotografia di un giovane Legionario della "Tagliamento" datata dicembre 1943, con dedica alla propria mamma (Arena).

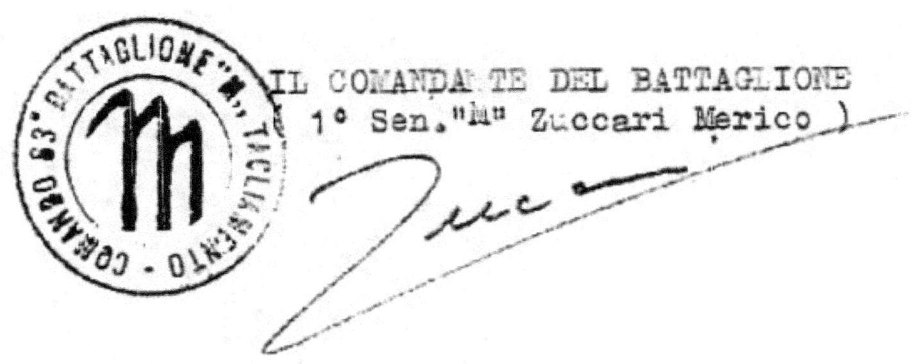

▲ Timbro del Comando del 63° Battaglione della Legione "Tagliamento" e firma del comandante Zuccari da un documento del 27 febbraio 1944.

▼ Il milite scelto Ferretti, mitragliere del LXIII Battaglione "M", di soli 17 anni, posa insieme ad una giovanissima mascotte del reparto (Pisanò).

UNA FIGURA CARISMATICA: PADRE ANTONIO INTRALLACIALAGLI

Padre Antonio Intreccialagli (al secolo Augusto Pio) fu l'amato cappellano della Legione "Tagliamento", forte figura di riferimento per i giovani militari. Nacque a Montecompatri (RM) il 22 dicembre 1908 da una famiglia borghese. Dopo aver sentito la vocazione religiosa, fu ordinato sacerdote nel 1931.

Il 21 giugno 1940 fu richiamato dall'Ordinariato Militare ed assegnato alla Regia Aeronautica (per questo motivo amava soprannominarsi "*Aeroprete*") in Sicilia, presso il Comando di Palermo. Fu poi inviato all'idroscalo di Stagnone, vicino a Marsala (TP), sede di una Squadriglia da ricognizione marittima, con la quale partecipò a numerose operazioni di soccorso in mare. Fu anche Cappellano della Base Aeronautica di Marsala e dei Depositi adiacenti.

Fu nominato anche Fiduciario dei Fasci Italiani all'estero ed in questa veste tutelò sempre la dignità nazionale, ponendosi come punto di riferimento per ogni attività che poteva mettere in luce l'Italia.

Nell'aprile del '42 fu improvvisamente colpito da una grave malattia e, dopo essere stato salvato dal medico del Campo di Aviazione di Gela, fu ricoverato all'ospedale di Palermo, poi a quello di Napoli, quindi al Celio a Roma ed infine alla Clinica per malattie tropicali dell'Università di Roma. Durante la convalescenza, prestò volontariamente la sua opera per confrontare e assistere i grandi invalidi ricoverati nella clinica ortopedica della stessa Università.

Il Tenente Cappellano padre Antonio Intreccialagli non poté accettare l'Armistizio dell'8 settembre, convinto che non poteva deludere chi aveva confortato tante volte nel momento della morte. Decise perciò di continuare la guerra a fianco dei Tedeschi ed il 21 settembre 1943 finalmente riuscì ad arruolarsi nella 1ª Legione M, nel LXII Battaglione M. Divenuto cappellano della Legione, continuò il suo impegno religioso nella 1ª Legione d'Assalto M "*Tagliamento*", con la quale fu attivo su tutti i fronti dove il reparto fu impegnato in tutte le operazioni belliche[4]. Portò ad amici e nemici il conforto della fede e l'intercessione della carità cristiana e della pietà.

Nell'aprile 1944 fu ingiustamente denunciato alle autorità Alleate da partigiani comunisti dopo l'agguato al Ponte della Pietà di Quarona. Infatti, nei giorni successivi all'attentato, i partigiani, per timore che la Legione reagisse con un attacco in forze, consegnarono alla "*Tagliamento*", tre ex prigionieri alleati, fuggiti dopo l'8 settembre ed unitisi ai ribelli, che avevano preso parte all' azione nei pressi del Ponte. A seguito di un processo furono riconosciuti colpevoli per loro stessa ammissione e quindi condannati a morte dal Tribunale per aver agito in abiti civili, in violazione della Convenzione di Ginevra. Padre Antonio li assi-

---

4 Tutti i reparti delle Forze Armate Repubblicane, operanti dal settembre '43 in Dalmazia, in Istria, sul fronte occidentale e nel territorio nazionale, ebbero il Corpo Volontario dei cappellani militari. Questo Corpo eroico, idealmente capitanato dai Trentacinque Caduti in servizio o trucidati a guerra finita, da vile mano assassina, Meritò l'elogio consapevole di S.E. Monsignor Bartolomasi, Vescovo Castrense, il quale ebbe a dichiarare nel dopoguerra: "*I volontari cappellani militari della R.S.I. Furono e restano l'orgoglio dei cappellani militari italiani, per l'ineccepibile condotta morale, per il senso eroico ed assoluto di servizio nell'assistenza religiosa e spirituale dei reparti loro assegnati, per l'amor di Patria nell'assistere e sostenere il morale di una popolazione civile, sotto l'inenarrabile flagello che si abbatteva sull'intera nazione italiana*".

stette con tutte le cure possibili, fornendogli assistenza religiosa e procurandogli per quanto possibile generi di conforto. I tre condannati gli furono talmente riconoscenti al punto di consegnargli tre lettere, in cui riassumevano la loro vicenda ed esprimevano gratitudine al cappellano. In seguito, padre Antonio fu invece accusato falsamente di essere stato il delatore che aveva rivelato il nascondiglio dei tre militari alleati, divenendo per questo ricercato dagli Anglo - Americani.

Nell'immediato dopoguerra, si rese per quasi un anno latitante, in quanto ricercato dalla Military Police alleata, per i fatti di Quarona. Nel giugno del 1948, grazie all' amnistia voluta da Togliatti, il suo ordine di cattura era stato ritirato. Padre Antonio rientrò a Monteodorisio (CH) dove stese un memoriale, che inviò alla sede del Tribunale alleato in Italia a Padova, al quale allegò le tre lettere dei prigionieri alleati. Negli anni successivi dedicò interamente all'opera missionaria: tra il 1948 ed il 1958 si prodigò nella costruzione di un convento di Frati Carmelitani Scalzi a Vasto, in Abruzzo. Nei 30 anni successivi fu missionario apostolico in Libano, in Turchia (Iskenderun), Siria, Francia, Iran ed Iraq (Bassora). Nel 1985 fece ritorno in Italia, presso il convento di San Silvestro a Montecompatri (RM), dove morì il 7 gennaio 2000.

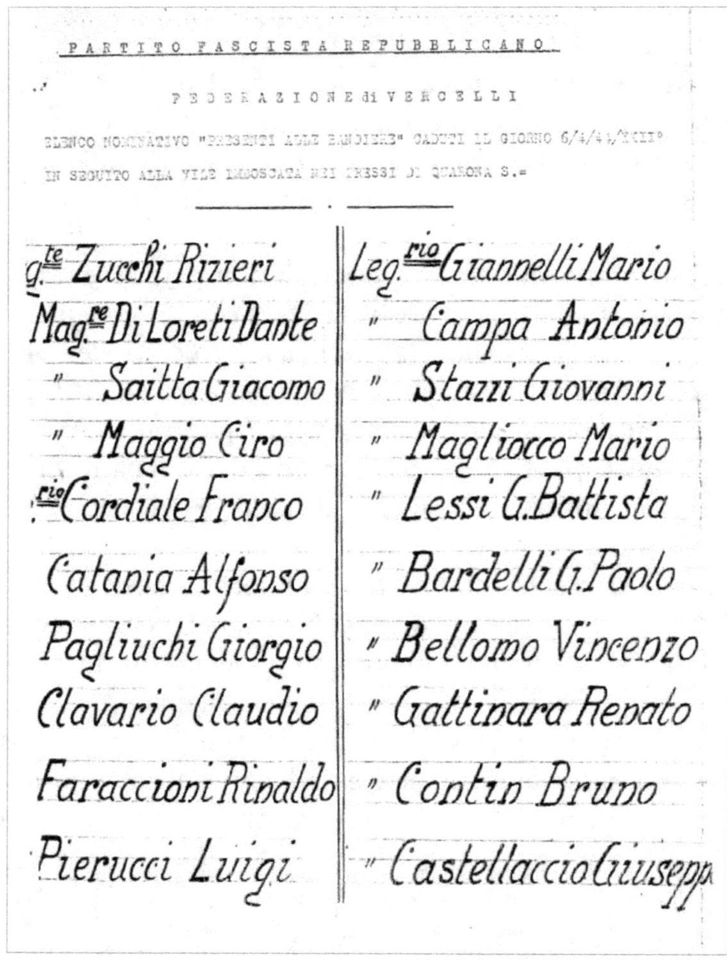

▲ I nomi dei caduti della Legione nell'agguato di Quarona in un documento della Federazione dei Fasci di Vercelli.

▲ Un reparto della "Tagliamento" durante uno sfilamento (Poggi).

▼ I legionari della "Tagliamento" accompagnano i loro 20 compagni caduti durante l'agguato del Ponte della Pietà di Quarona (VC) il 6 aprile 1944 (Pisanò).

▲ Foto di gruppo di un reparto della Legione "Tagliamento" al termine di un rastrellamento in Valsesia nell'aprile 1944. Molti militi sono armati di Sten, catturati da aviolanci alleati destinati ai partigiani (Pisanò).

▼ La 1ª Compagnia della Legione sfila davanti al Generale Ricci a Vercelli il 6 giugno 1944 (Pisanò).

▲ La 1ª Legione d'Assalto M "Tagliamento" schieata a Vercelli (Pisanò).

▼ Un reparto della "Tagliamento", appoggiato da una mitragliatrice Breda 37, rientra alla base dopo un' operazione di rastrellamento (Pisanò).

▲ Il colonnello Merico Zuccari, comandante della Legione "Tagliamento", insieme a Benito Mussolini (Arena).

▲ Padre Antonio Intreccialagli, cappellano della "Tagliamento": fu molto amato dai legionari.

▲ Legionari della "Tagliamento" sfilano per le vie di Vercelli (Pisanò).

▼ Carro armato della Legione "Tagliamento" in Valsesia nella primavera del 1944. La Legione ebbe 3 di questi piccoli tank fino alla partenza per le Marche (Borgatti).

▲ Il legionario che occupa il posto del mitragliere morirà durante gli scontri sul Mortirolo (Borgatti).

▲ Le fotografie di questo carro della "Tagliamento" furono scattate in Valsesia alla fine di maggio o inizi di giugno del 1944 (Borgatti).

▼ La Compagnia Armi di Accompagnamento della Legione ebbe in dotazione 3 cannoni anticarro da 37 mm tedeschi: nell'immagine, i legionari si addestrano all'uso di quest'arma (Pisanò).

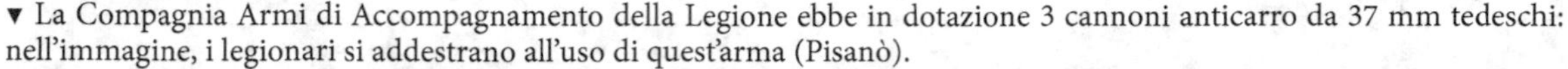

▲ Primo piano del cannone PAK37 messo in batteria (Pisanò).

▼ Il gagliardetto del I Battaglione della "Legione "Tagliamento" con il motto "Seguitemi!" a Vercelli nel giugno 1944 (Pisanò).

▲ Il retro del gagliardetto del I Battaglione (Pisanò).

UNIFORMI

L'uniforme della "Tagliamento" non differiva da quella utilizzata dagli altri reparti della G.N.R., sia nella versione estiva che in quella invernale. Ciò che invece è interessante è l'uso su vasta scala di completi mimetici di vario tipo, distribuiti in largo numero a questi legionari, specialmente nel caso di operazioni antipartigiani. Tra questi indumenti possiamo ricordare il telo tenda mimetico, già in uso presso il Regio Esercito. Larga diffusione ebbero pantaloni mimetici lunghi fino alla caviglia e giacconi a vento, simili a quelli utilizzati dalla "Decima". Un interessante completo da combattimento era costituito da una tuta mimetica in un solo pezzo, abbottonata sul davanti, con due tasche anteriori al petto, colletto e controspalline. Ne fu realizzata anche una versione in due pezzi, composta da pantaloni lunghi e da un giacchino corto, identico alla parte anteriore della tuta. In genere con questa tuta era indossato un cinturone, o quello della G.N.R. o quello tedesco. Tutti i legionari avevano il pugnale da combattimento della disciolta Milizia.

Il tipico copricapo di questa unità era il fez nero. Altri copricapi furono indossati, in misura limitata, come bustine e baschi. Gli ufficiali portavano il berretto a busta con visiera. I legionari erano talmente fieri del fez, che molto spesso lo indossavano anche in combattimento, al posto dell'elmetto. Quest'ultimo era il classico M33 grigioverde o mimetizzato a spruzzo. Sul fronte era spesso stampigliato lo stemma della G.N.R (quello regolamentare per elmetto o uno simile al fregio da bustina).

Sull'uniforme erano portate al bavero le fiamme nere a due punte, con la M rossa, incavallata su un fascio. Questa era, al pari del fez, un distintivo amatissimo dai legionari; una circolare del 27 novembre 1944 imponeva a tutti i reparti che avevano la concessione della M rossa di toglierle dal bavero, in favore del gladio , e di portare un distintivo identico alla M rossa sopra il taschino sinistro della giacca. Questa circolare, valida per tutti, eccetto per la Legione M Guardia del Duce, fu praticamente disattesa e le M rosse venivano portate anche al collo della camicia nera. Venivano portati i distintivi di grado regolari della G.N.R.; sulle tute da combattimento erano cuciti al petto.

▲ Partigiani di Cino Moscatelli in azione del Vercellese nella primavera del 1944.

▲ Giubba dell'uniforme di un sottotenente della Legione "Tagliamento".

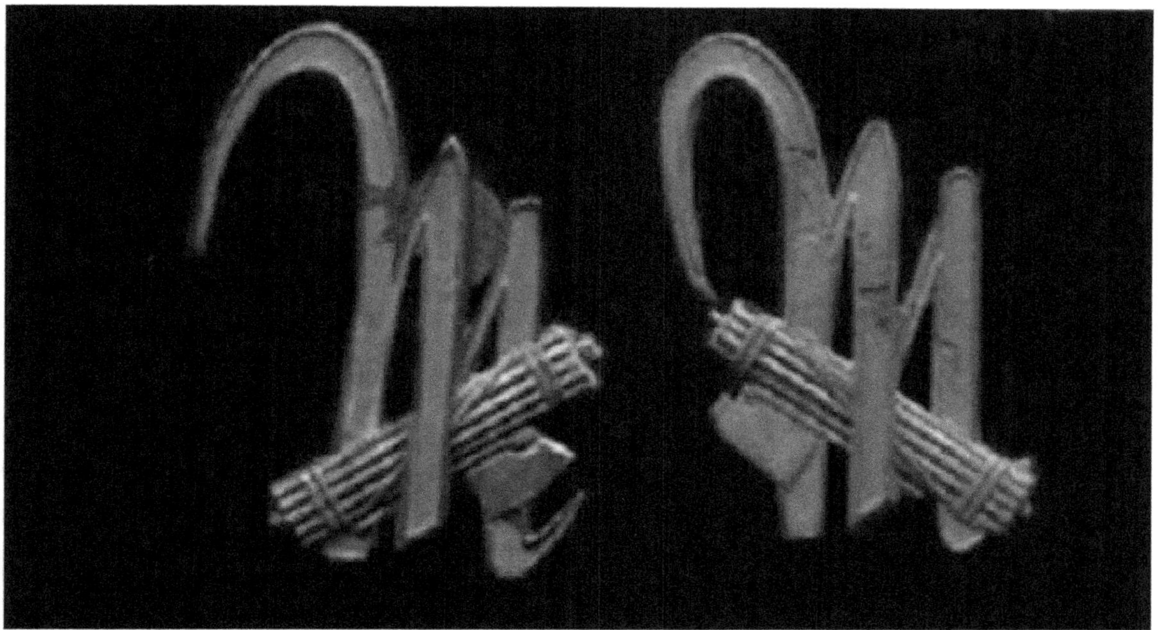

▲ Coppia di "M" rosse da bavero, utilizzate dai battaglioni M della M.V.S.N. e dai Legionari della "*Tagliamento*" (*Poggi*).

▼ Attestato da consegnare insieme alla medaglia commemorativa della Legione a tutti i militi. Non è ben chiaro se almeno qualche esemplare sia stato consegnato prima della fine del conflitto, dopo la guerra fu ristampato e distribuito a tutti i Legionari.Medaglia per i legionari della "*Tagliamento*", ideata, insieme all'attestato, dal Capitano Martinola. Fu realizzata in bronzo dalla Fabbrica Medaglie Fratelli Lorioli di Milano alla fine del 1944, fu distribuita solo un piccolo numero ai Legionari e distribuita a tutti i reduci solamente nel dopoguerra. Al resto si trova il motto della Legione: "*Solo quei forti scesero, onta ai fratelli, in campo*".

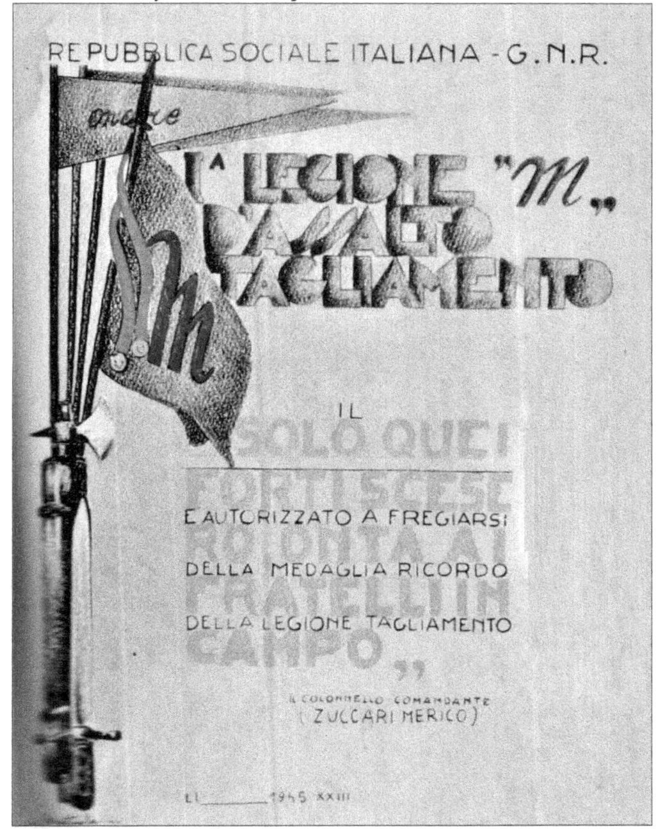

▲ Sulla testa del comandante partigiano Cino Moscatelli, il Colonnello Zuccari pose una taglia di 100.000 £ dell'epoca, una cifra veramente elevata. Nella foto un manifesto distribuito a Varallo Sesia nell'aprile del 1944.

▼ Un partigiano fermato da legionari della "Tagliamento" in Val Sesia nella tarda primavera del 1944 (Pisanò).

ARMAMENTO ED AUTOMEZZI

La Legione *"Tagliamento"* ebbe una dotazione di armi sufficiente a coprire le proprie necessità: moschetti '91, M.A.B., STEN catturati ai partigiani, fucili mitragliatori Breda 30, mitragliatrici pesanti MG42, Mortai Brixia da 45mm, mortai da 81mm. La Compagnia Armi di Accompagnamento ricevette in dotazione 3 cannoni anticarro tedeschi PAK 37.

All'inizio del 1944 la Legione *"Tagliamento"* recuperò 2 o 3 carri armati leggeri L3, almeno uno dei quali era un CV38. Uno dei carri rimase quasi immediatamente bloccato da un guasto irreparabile, ma non venne abbandonato dal reparto e fu anzi utilizzato come riserva di preziosi pezzi di ricambio, allora introvabili a causa dello stato di guerra, per gli altri due. I carri superstiti ebbero comunque uno scarso impiego, sia perché ritenuti poco efficaci nelle zone dove operava la *"Tagliamento"*, sia per la cronica mancanza di carburante che afflisse il reparto (e che veniva utilizzato principalmente per gli autoveicoli) e, addirittura, furono probabilmente abbandonati al termine delle operazioni in Valsesia.

Gli L3 della *"Tagliamento"* erano presumibilmente dipinti in verde (anche se una fonte indica come possibile colorazione marrone con larghe chiazze verdi); sopra la piastra delle mitragliatrici e sui lati della casamatta si trovava una M rossa incavallata ad un fascio repubblicano (bianco o giallo) e, solo sulle fiancate, vi era anche la dicitura in bianco "LEGIONE TAGLIAMENTO".

La *"Tagliamento"* disponeva di un discreto parco macchine:

- 6 autocarri Fross – Bussing
- 13 autocarri Ford
- 2 autovetture
- 2 motociclette[5]

La Legione ebbe anche almeno 2 autocarri FIAT 666 dotati di rimorchio. La scarsità di carburante fu così grave che gli autocarri dovettero essere modificati, affinché potessero funzionare a gasogeno.

---

5 Questi dati sono desunti da un documento del 21 dicembre 1943 inviato al Prefetto della Provincia di Vercelli.

▲ Militi della "Tagliamento" in partenza per un'azione, salutati festosamente da alcune ragazze (Crippa).

▲ Un'altra immagine dei legionari a bordo dell'autocarro (Crippa).

▼ Ufficiali della "Tagliamento" ed omologhi tedeschi durante una manifestazione (Pisanò).

LEGIONE TAGLIAMENTO

Ufficio:Maggiorità   Vercelli 20 Aprile 1944-XXII

N. di Prot.713/Magg.2

OGGETTO: Dislocazione Reparti Legione "Tagliamento".=

AL COMANDO 15 REGG. POLIZIA GERMANICA
VERCELLI

e per conoscenza;
AL CAPO DELLA PROVINCIA
VERCELLI

AL COMANDO PROVINCIALE
DELLA G.N.R. (28ª Legione)
VERCELLI

AL COMANDO 115 REGG. G.N.R.
BIELLA

Informo che da oggi i Reparti di questa Legione per meglio affrontare e distruggere i ribelli dell'alto Vercellese, hanno assunto la seguente dislocazione:
- una Compagnia a Fobello
- una Compagnia a Rimasco
- una Compagnia a Pray
- una Compagnia a Trivero
- una Compagnia a Varallo
- una Compagnia di manovra a Varallo

I predetti Reparti, ad eccezione di blocchi stradali, non hanno compiti territoriali, e le località di cui sopra sono la loro base in quanto, per necessità tattiche i Reparti stessi sono in continuo movimento.=

Il Comando di Legione è sempre a Vercelli, ma il Comando tattico della stessa si sposta nella zona dove più necessaria l'azione diretta dal Comandante.=

                              IL COMANDANTE DELLA LEGIONE
                              (Ten.Col. Zuccari Merico)

▲ Dislocazione dei reparti della Tagliamento al 20 aprile 1944 (Poggi).

▲ Legionari della "Tagliamento" assistono alla stessa manifestazione della foto precedente, probabilmente uno spettacolo a favore delle Forze Armate (Pisanò).

▲ Un'altra immagine scattata nella stessa occasione: al centro il colonnello Merico Zuccari, comandante della "Tagliamento", sorridente insieme ad altri ufficiali della Legione (Pisanò).

▼ Busta intestata del Comandante della Legione "Tagliamento", Colonnello Merico Zuccari (Poggi).

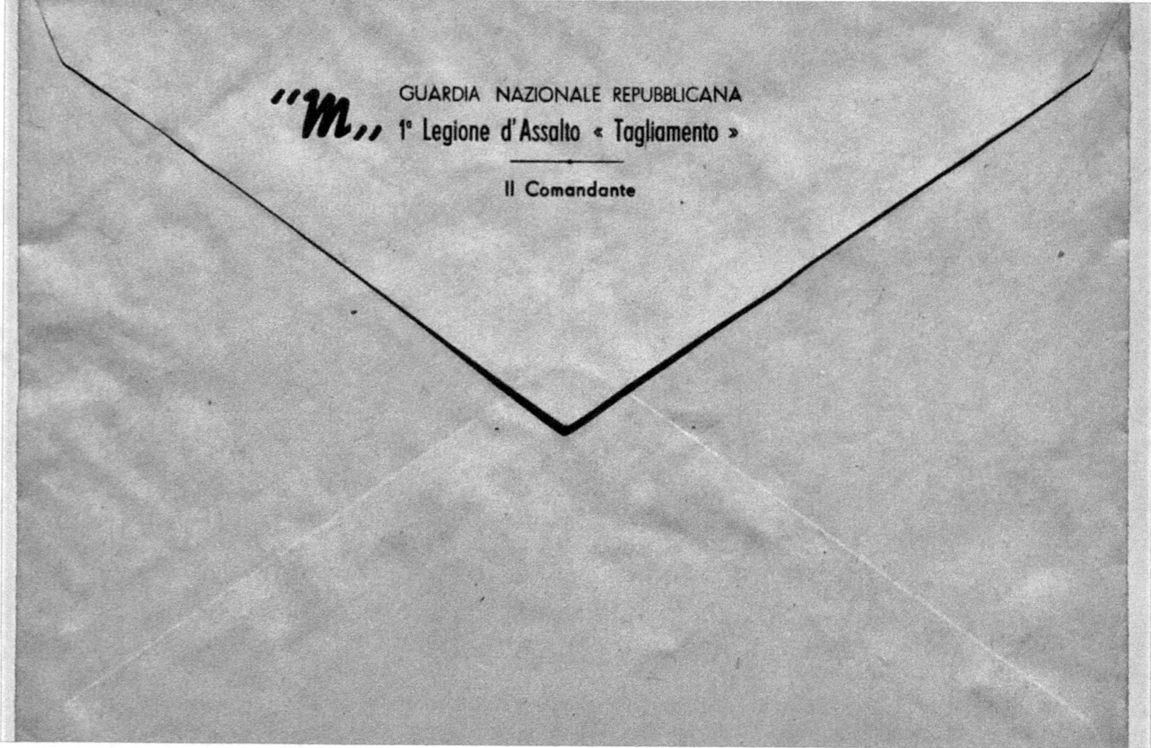

▲ Primo piano del tenente Giuseppe Mazzoni della Legione "Tagliamento" (Poggi).

▲ Giovani mascotte della Legione "Tagliamento" (Pisanò).

▼ Militi della Legione di ritorno da un'azione a bordo di autocarri FIAT 666, probabilmente in Valsesia (Crippa).

▲ Il Comandante Colonnello Merico Zuccari, accompagnato da un suo subalterno (Pisanò).

▼ Mitraglieri della "Tagliamento" apprestano una mitragliatrice MG42 (Arena).

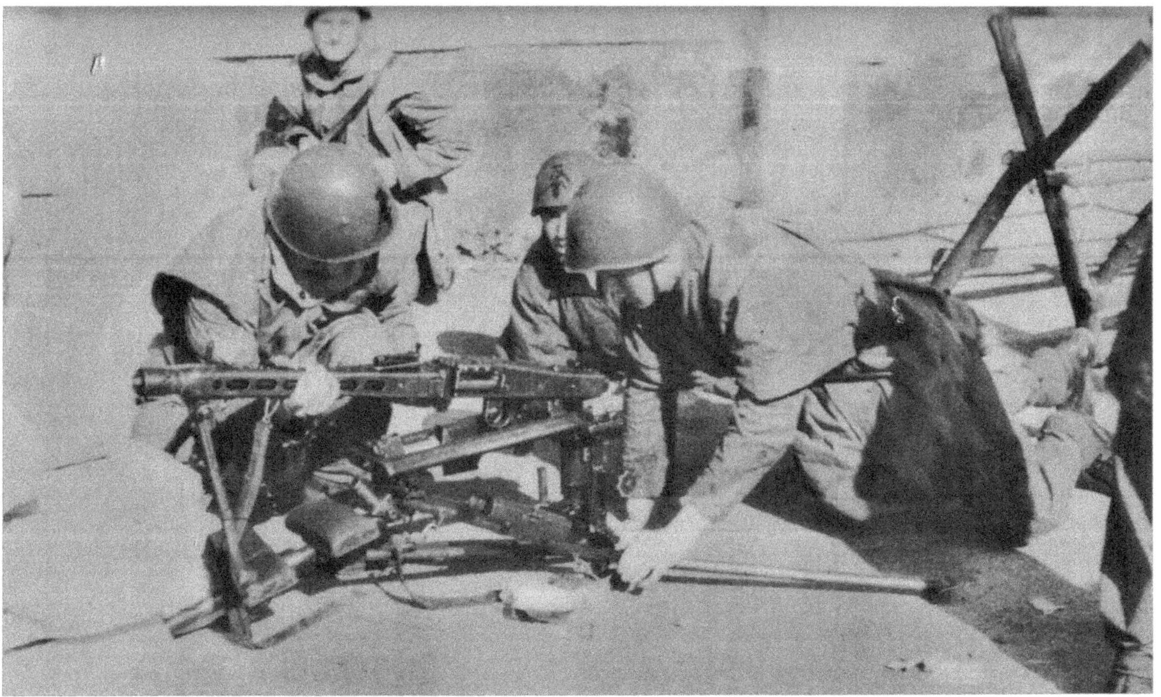

▲ Una postazione fortificata della Legione funge da posto di blocco lungo un'arteria stradale in Valsesia (Pisanò).

▼ La postazione è armata con una MG42 ed il legionario in primo piano è armato con uno STEN, probabilmente catturato ad un aviolancio partigiano (Pisanò).

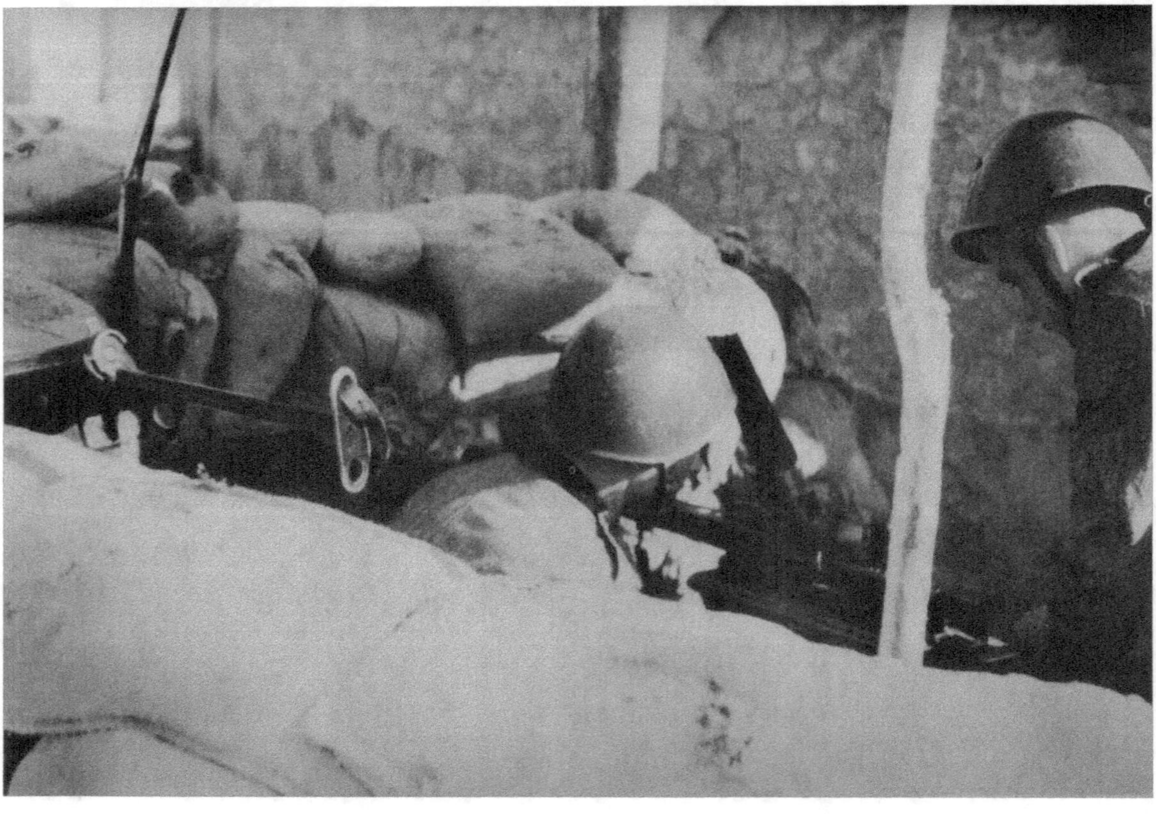

▲ Legionari avanzano in una boscaglia del Centro Italia (Pisanò).

▼ Un gruppo di legionari in azione in una boscaglia durante un'operazione di rastrellamento (Pisanò).

▲ Un legionario, armato con mitra STEN britannico sottratto ai partigiani, monta la guardia dinnanzi ad un presidio della "Tagliamento" (Pisanò).

▲ Il comandante Zuccari in una foto tratta da un quotidiano dell'epoca (Poggi).

▲ Serie di immagini della Compagnia Armi di Accompagnamento della "Tagliamento" in addestramento in Centro Italia nell'estate del 1944 (Pisanò).

▼ Prove di tiro con i cannoni anticarro (Pisanò).

▲ Primo piano di uno dei pezzi: i militari indossano l'uniforme estiva della G.N.R., composta da giacca sahariana e pantaloni corti color cachi (Pisanò).

▼ Un'altra immagine di padre Antonio Intreccialagli nel corso di un'azione. Il sacerdote, armato di MAB, indossa un camiciotto mimetico realizzato con tessuto italiano M1929.

▲ Bandiera della 1ª Legione M d'Assalto "Tagliamento" (Pisanò).

LA "CANZONE DELLA TAGLIAMENTO"

Dopo l'Armistizio, un'anonima penna compose un motetto, intitolato *"Per voi ragazze belle"*, che fu adottato come inno dalla 1ª Legione d'Assalto *"Tagliamento"* e divenuta appunto famosa come la *"Canzone della Tagliamento"*, di cui riportiamo il testo integrale.

Per voi ragazze belle della via
che avete il volto della primavera,
per voi che siete tutta poesìa
e sorridete alla camicia nera,
per voi noi canteremo le canzoni
dei nostri vittoriosi battaglioni.

Ritornello:
Ohè camerati,
degli M decorati,
A noi!
Il Don ci ha battezzati
A noi!

Partiti dalla Roma madre antica
per continuar la marcia redentrice,
andammo nella Russia bolscevica
portando in cuor la fede innovatrice.
Ci precedette un'epica Legione
ci accolse il rombo cupo del cannone.

Ritornello

Poi venne il dì dell'algido squallore
in riva al grande fiume dei cosacchi,
allor rifulse indomito il valore
che invermigliò la lotta negli attacchi.
La nostra M ormai dal tempo stinta,
dal sangue degli eroi venne ritinta.

Ritornello

E quando a Roma noi ritorneremo,
e per le vie dell'Urbe sfileremo,
le nere insegne tutte insanguinate
dinnanzi al nostro Duce inchineremo.
Su di esse inciso v'è come nel quarzo
tutto il valor della "23 Marzo".

All'erta imboscati,
che gli M son tornati,
gli eroi,
sarete bastonati,
da noi!

▲ Un'altra immagine del picchetto d'onore con la bandiera di guerra della Legione d'Assalto "*Tagliamento*" (*Pisanò*).

▼ I legionari mentre fanno il saluto romano: sull'elmetto del militare in primo piano si nota il fregio a spruzzo della vecchia M.V.S.N. (Pisanò).

▲ Manifesto di arruolamento della Guardia Nazionale Repubblicana, caratterizzato da una grafica di forte impatto emotivo.

▲ La Compagnia Armi di Accompagnamento della "Tagliamento" schierata al completo: oltre ai tre cannoni PAK 37, il reparto disponeva anche di 7 mortai da 81 mm (Pisanò).

▼ Legionari in azione appoggiati da una mitragliatrice MG42 (Arena).

▲ Un reparto di mitraglieri della "Tagliamento" in marcia in una località dell'Italia Centrale nel luglio del 1944 (Pisanò).

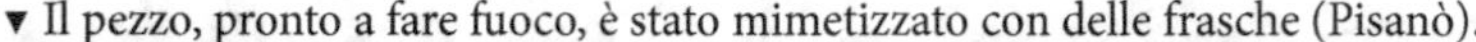

▲ Un cannone anticarro da 37 mm viene portato celermente in postazione da legionari durante un'operazione di rastrellamento in Centro Italia nell'estate del 1944 (Pisanò).

▼ Il pezzo, pronto a fare fuoco, è stato mimetizzato con delle frasche (Pisanò).

LA BOMBA

organetto vagabondo legionario

Anno I - N. 2 — *Scoppia quando gli pare* — LEGIONE TAGLIAMENTO

RIECCOCI

Nove mesi ci si mettono per metter su un bambino... Invece noi abbiamo impiegato nove mesi per tirar fuori il secondo numero di questa "Bomba" che vede la luce dopo avvenimenti e avvenimenti. Molti dei nostri collaboratori del primo numero non figurano in questa, che invece vede dei nomi nuovi inseriti fra i superstiti... Largo ai giovani, con la speranza che rendano reali altrettanto che i vecchi lupi della "Bomba" (Scolari & C.) sempre agguerriti e pronti a dire la loro in ogni occasione.

La prima "Bomba" scoppiata il 6 gennaio '44 a Roma, annoverò fra i suoi lettori anche indimenticabili scomparsi nella lotta contro il nemico. Fra questi, per tutti, voglio ricordare la sempre viva figura di Vittorio Sgabelloni, del "nostro" "Vitturio", che il piombo degli alleati ci tolse nelle vicinanze del fronte Sud.

Fra noi egli, più degli altri rappresentava l'essenza dello spirito volontaristico degli innamorati dell'Italia: infatti quale altro amore avrebbe potuto racchiudere più grande il suo cuore quindicenne? I suoi occhi neri dalle lunghe, infantili ciglia scure ci guardano sorridenti ed incoraggianti dalla fotografia che meglio lo raffigura.

Nei momenti in cui ci sembra che lo sconforto ci stia per assalire, basta guardarlo, per sentir rinascere nei nostri cuori quel sentimento di volontà inflessibile di combattere fino all'ultimo respiro, a costo di qualsiasi sacrificio.

Ai legionari che leggeranno queste righe su Vittorio preghiamo di fermarsi a ricordarlo, specie a quelli che lo conoscevano bene... Agli altri raccomandiamo di non interpretare le nostre parole come frutto della solita retorica che noi siamo i primi a disprezzare.

Ricordarsi che i nostri Caduti sono con noi, e che i Caduti per una causa santa come questa non possono venir misconosciuti o dimenticati. Dopo di che vedo Malaspina che minaccia di mitragliarmi e spezzonarmi a bassissima quota se non la pianto di fare il sentimentale: lui mi preferisce satirello e scherzoso, ed io lo accontento con un "pezzo" che leggerete nella pagina seguente.

Un "ciste" alla Valsesiana a tutti dal vostro

RIGHETTO

"...abbenchè Zuccari nomato fusse, amatissimo apparve alli nimichi suo..."

CACCIA ALL'UOMO

X, settembre....

All'alba (moccoli e bestemmioni per la sveglia) un poderoso calcione mi trasse dal sogno di 99 meravigliose ragazze 99... Il baldo sottotenente Orazio (detto Orazietto) la cui balda e maschia figura si stagliava nel cielo livido come un enteroclisma si staglia sulla parete di un gabinetto, baldanzosamente si avvicinò ai baldi legionari del suo baldo plotone, certamente il più baldo della balda compagnia, e con voce di tuono, che ricordava stranamente il vagito di un bambino in culla con inflessioni milanesi, proclamò: «Zaino a terra è riposo». Qui voi lettori vi meraviglierete di questo ordine dato a capocchia e che non c'entra assolutamente, ma noi nò, perchè il s. ten. Orazio (detto Orazietto), dà sempre simili ordini. Naturalmente i legionari fecero tutto il contrario, e la marcia incominciò...

Le montagne gustavano massicce all'intorno e sui sentieri battuti dal lume della luna campeggiavano spettacolose frittate di vacca, mentre ruscelletti gorgogliavano, facendo da accompagnamento ai moccoli (luminosissimi) dei portareppiede. Il comandante la compagnia aveva dato l'ordine di non fiatare per piombare sul nemico di sorpresa...

...Siamo ad O... Il sole non è ancora cresciuto, freddi sudori imperlano le fronti, sudori di altro genere i piedi, ma questo non c'entra. Il momento sta per scoccare... Un fruscio, due fruscii, tre fruscii... Contemporaneamente, tutti i legionari, facendo una confusione indescrivibile cominciano a gridare con voci alte e fioche: «Silénzio, un fruscio!... dove, a destra... No, a sinistra... qui... là...» facendo una cagnara indescrivibile e destando le mille eco della vallata.

«Porcaccia la miseriaccia zozza—ulula il sergente B... è mai possibile che ogni volta che si sente qualche cosa acceda 'sto casino» (francesismo: sempre raffinati questi sottufficiali!). Poi rivolto a portarmi gli susurra sottovoce di non sbattergli la canna della Breda sulla faccia quando si volta indietro. Il cammino prosegue (chi sa adesso dove sarà arrivato, ma a noi ce ne frega niente). La compagnia ha preso la formazione di combattimento;

Recentissime

Si ha dal Comando Legione che con solennità è stato aperto giorni fa un nuovo ufficio, cui è stato preposto alla direzione il noto Brigadiere Benigni.

Trattasi dell'U.C.A.S. (Ufficio Complicazione Affari Semplici) cui tutti gli uffici di Legione sono pregati d'ora in avanti (di) servirsi, contribuendo così a far lavorare anche il personale di detto ufficio, occupato fin'ora alla vendita di giornali e caramelle illustrate.

In data odierna il Capitano Pignoli è cresciuto di kg. 1,300. Terremo informati i nostri lettori sull'ulteriore sviluppo della situazione.

L'odierno bollettino dell'Infermeria di Legione ammette la perdita di 4 legionari, che, malgrado tenacissimi sforzi del personale tutto, sono guariti. La perdita però è stata sopperita dall'afflusso di nuove riserve, alcune delle quali anche ammalate.

Il tenente Bischi è stato decorato della croce di zinco di II classe con la seguente motivazione: «Aiutante Maggiore in II di Big., attaccato da preponderanti forse richiedenti licitias, rispondeva con fulminei motti latini, riducendo in breve al silenzio il nemico. Eseguita la traduzione dei medesimi, la metteva poi in fuga precipitosa».

In testa alla nostra schiera

CAPITANO
ANGELO POGGI

VICE BRIGADIERE
BRUSCHI ERMANNO

LEGIONARIO "M."
QUARTARONE NINO

Presente !

LEGIONARI !

"LA BOMBA", vi offre la possibilità di render dotti tutti i fatti umoristici e le impressioni raccolte durante la giornata mentre ferve il vostro lavoro di ricostruzione. Inviateci aneddoti, poesie, racconti, freddure e disegni: sul satirico bollettino della collaborazione, poichè il nostro intento sarebbe quello di render tutto il giornale redatto da voi stessi, che siete l'espressione stessa della vita della legione. Questo primo numero dia l'avvio all'inoltre alla nostra redazione di tanto, umiliante materiale; che, opportunamente selezionato, sarà di volta in volta pubblicato per il nostro e l'altrui divertimento. Faremo così vedere a quanti ci accusano che i legionari della "Tagliamento" ridono la faccia anche a se stessi, e che, negli intervalli dei loro appuntamenti con la morte, durante gli scarsi riposi tra un rastrellamento e l'altro, in alta montagna, traggono dalla loro stessa forza il fresco di un'ora lieta che troppo di rado ai loro fratelli non sanno più procurare.

▲ Il periodico satirico "La bomba", edito dai legionari della "Tagliamento" (Poggi).

▲ Nell'estate 1944 il Duce visitò i reparti della R.S.I. dislocati nelle Marche, tra cui la Legione "Tagliamento". In questa immagine Mussolini esce da una fortificazione costiera, rinforzata da una torretta di PanzeV Panther a Senigallia (B.A.).

▲ Mussolini passò in rassegna i reparti della "Tagliamento" nelle Marche il 6 agosto 1944 (Arena).

▼ Il Duce indulge in un atteggiamento scherzoso con un legionario, tirandogli la barba, mentre passa in rassegna le Compagnie della "Tagliamento" (Pisanò).

▲ Gli Alleati distribuirono volantini, che ricordavano gli avvisi fatti affiggere a fine '800 nel Far West, con la foto di padre Antonio Intreccialagli, erroneamente ritenuto colpevole della morte di alcuni partigiani (Pisanò).

▼ Modulo prestampato ed intestato della Legione "Tagliamento" (Poggi).

▲ Legionari della "Tagliamento" in Centro Italia nel settembre 1944. Il Mitragliere in primo piano indossa un telo tenda, utilizzato come pratico indumento mimetico (Pisanò).

▲ Primo piano di un legionario (Pisanò).

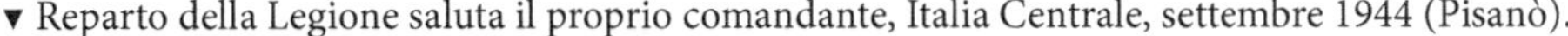

▲ Giovani militi della 5ª Compagnia a San Vito di Leguzzano (VI) nell'ottobre del 1944; i legionari indossano un misto di uniformi invernali ed estive ed il secondo da sinistra ha un foulard, probabilmente nero, decorato da fasci littori (Poggi).

▼ Reparto della Legione saluta il proprio comandante, Italia Centrale, settembre 1944 (Pisanò).

▲ Il reparto si mette in marcia cantando, preceduto dal proprio ufficiale (Pisanò).

▼ Il Legionario Lauro Cassiolari della "Tagliamento": fu fucilato a Valbondione dai partigiani a soli 18 anni l'8 dicembre 1944.

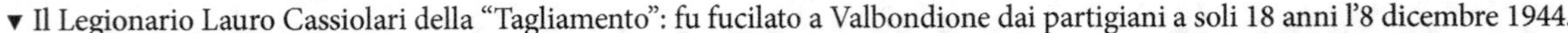

La Guardia è sorta nel settembre e dal settembre. È la prima reazione al tradimento; è la prima forza della Repubblica; rappresenta il primo scalino della rinascita.

Sulla Guardia, erede diretta della gloriosa Milizia di tutte le guerre, si fonda il lavoro dei mesi successivi, la ricostruzione delle forze armate, l'ordine della vita civile, la laboriosa serenità del lavoro nelle fabbriche difese dalla follia dei comunardi impazziti.

Senza la Guardia gran parte dell'immane opera compiuta in quest'anno di durissime prove, sarebbe stata impossibile. Furono gli sparuti manipoli di camicie nere dei primi giorni a dare un aspetto meno indecorosamente sconcio al nostro crollo, coprendo con la loro generosa offerta la defezione dei troppo codardi. Furono gli uomini della Guardia i primi soldati italiani che riacquistarono la fiducia dell'alleato, che combatterono per le strade e sulle montagne contro i primi sintomi della cancrena partigiana, che diedero per primi il loro sangue così in Patria come oltremare ove non hanno mai abbandonato l'alleato.

Partiti alla bersagliera con il solo bagaglio del loro entusiasmo incondizionato e della loro fede sicura, i reparti della Guardia si trovarono poi, dinnanzi a problemi di organizzazione, di preparazione, di impiego. Si trovarono cioè dinnanzi al problema della coordinazione di tutte le iniziative, spesso volte personali, che avevano fatto sorgere nei giorni di settembre i vari nuclei della nuova forza repubblicana. Ma non si fu una sosta nemmeno allora. Vi fu solamente un mutamento di metodi di lavoro, un'intensificazione di lavoro. Furono costituite scuole allievi ufficiali, furono formati nuovi battaglioni, nuove specialità, fu creata la fitta rete dei comandi provinciali, dei reparti periferici che dovevano mantenere l'ordine in ogni luogo e che dovevano venire a sostituire nella loro opera i carabinieri, sui quali non si poteva, per ovvi motivi, contare con sicurezza.

Così in pochi mesi si giunse a fare della Guardia, con il sacrificio e con il lavoro di tutti, un temibile strumento di guerra. Dai primi reparti creati dall'iniziativa dei singoli e dalla fede dei pochi nei giorni bui, si riuscì a formare un organismo militare dotato di notevoli possibilità tattiche, di una organizzazione logistica e gerarchica di prim'ordine, di un complesso di forze giovani e preparate, fedeli ed entusiaste, da far levare il cappello a chiunque.

Nel frattempo era continuata senza sosta, senza respiro la lotta antipartigiana sulle montagne. Il numero dei suoi caduti, vale più di ogni parola a dimostrare la vastità dell'opera della Guardia contro la ibrida coalizione antifascista e antinazionale annidata nei sicuri recessi delle valli di montagna.

La G N R è presente dovunque: sulle strade a difesa del traffico, nelle città a tutela del lavoro, nelle foreste, sulle montagne: a dare fede e sangue per la rinascita, con i carri della « Leonessa », con i cannoncini della « Tagliamento », con i « mitra » degli assaltatori, dai suoi paracadutisti, dei suoi carristi leggeri, dei suoi silenziosi « O. P. » tutori quotidiani e modesti dell'ordine e della disciplina della vita nazionale.

A spalla a spalla con i camerati dell'Esercito Repubblicano di cui è la prima arma combattente, la Guardia è pronta ad ogni evenienza.

Ne sono sicura garanzia il duro lavoro di preparazione, l'affiatamento dei reparti, il valore dei comandanti e il sangue finora versato. Ma soprattutto la fede. Quella fede che ha portato gli uomini in camicia nera alla lotta per l'Impero nei giorni felici e alla rivincita nel settembre del tradimento.

• 11 •

▲ Pagina dedicata alla Guardia Nazionale Repubblicana ed alla "Tagliamento" della pubblicazione "La marcia continua" del 28 ottobre 1944.

▲ Legionari del I Plotone della 4ª Compagnia (*Poggi*).

▼ Comunicazione al Comando Generale ed all'Ufficio Politico della G.N.R. datata 15 aprile 1945, che informa dell'inizio delle operazioni contro i partigiani sul Mortirolo.

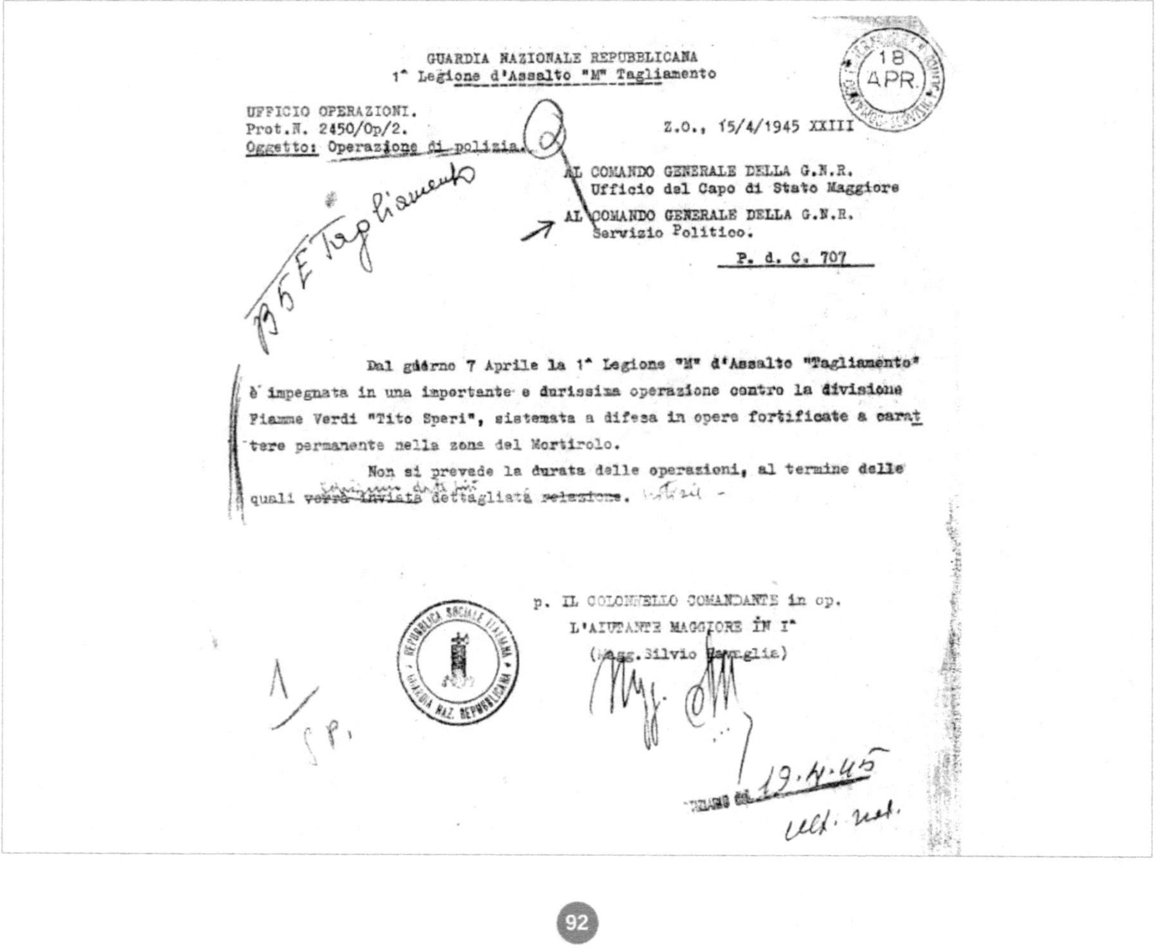

GUARDIA NAZIONALE REPUBBLICANA
1ª Legione d'Assalto "M" Tagliamento

UFFICIO OPERAZIONI.
Prot.N. 2450/Op/2.   Z.O., 15/4/1945 XXIII
Oggetto: Operazione di polizia.

          AL COMANDO GENERALE DELLA G.N.R.
          Ufficio del Capo di Stato Maggiore
          AL COMANDO GENERALE DELLA G.N.R.
          Servizio Politico.

                    P. d. C. 707

Dal giorno 7 Aprile la 1ª Legione "M" d'Assalto "Tagliamento" è impegnata in una importante e durissima operazione contro la divisione Fiamme Verdi "Tito Speri", sistemata a difesa in opere fortificate a carattere permanente nella zona del Mortirolo.

Non si prevede la durata delle operazioni, al termine delle quali verrà inviata dettagliata relazione.

p. IL COLONNELLO COMANDANTE in op.
L'AIUTANTE MAGGIORE IN 1ª
(Magg. Silvio Bavaglia)

▲ Un reparto partigiano della "Tito Speri" in azione in Valcamonica nel settembre 1944 (*Pisanò*).

▼ Partigiani delle "Fiamme Verdi" in una trincea sul Mortirolo.

▲ I giovanissimi legionari del presidio del Passo della Presolana con il loro comandante sottotenente Roberto Panzanelli. I ragazzi, tra i 15 ed i 22 anni, andranno incontro ad un triste destino di morte (*Pisanò*).

▼ La casa cantoniera del Passo della Presolana, con l'Albergo Franceschetti, dove erano alloggiati i giovani legionari della 6ª Compagnia della "Tagliamento" in una cartolina degli anni '50 del secolo scorso.

DISTINTIVI 1A LEGIONE M D'ASSALTO "*TAGLIAMENTO*"

Fregio da berretto

**Fiamme nere da bavero
con le M rosse**

**Fregio stampigliato
sugli elmetti**

Bandiera
di Guerra

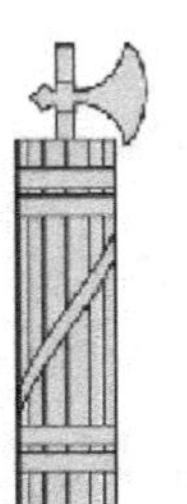

Stendardo del
I Battaglione
"Tagliamento"

BIBLIOGRAFIA

- Ambrosio Piero, "*Quando bastava un bicchiere d'acqua - Processo alla legione "Tagliamento" - Requisitoria del dottor Egidio Liberti*", Borgosesia, Istituto per la storia della Resistenza in provincia di Vercelli, Borgosesia (VC), 1980.
- Ambrosio Piero, "*Dicembre 1943: iniziano le azioni contro i ribelli*", in "*L'impegno*", anno III n° 4, dicembre 1983
- Ambrosio Piero, "*In nome del popolo italiano - La sentenza contro Zuccari e altri ufficiali della legione Tagliamento*", in "*L'impegno*", anno V, n° 2, giugno 1985.
- Ambrosio Piero (a cura di), "*Il diario del LXIII Battaglione M*", in "*L'impegno*", anno XI, n. 2, agosto 1991. Arena Nino, "*R.S.I. – Forze Armate della Repubblica Sociale – La guerra in Italia – 1943 – 1944 – 1945*", Ermanno Albertelli Editore, Parma, 2002.
- AA.VV., "*Repubblica Sociale Italiana - Storia*", Centro Editoriale Nazionale, Roma, 1959.
- Bedeschi Giulio, "*1941 – 1943 L'Armata italiana in Russia*", Edizioni Deltavideo, Milano, 1991.
- Bendotti Angelo e Ruffini Elisabetta, "*Gli ultimi fuochi : 28 aprile 1945 a Rovetta*" Il filo di Arianna, Bergamo, 2008.
- Caputo Vincenzo, "*La storia negata. Insorgenze fasciste*", Grafica MA.RO. Editrice, Copiano (PV), 2004.
- Ceracchini Augusto, "*Bandiera proibita*", L'arnia, Roma, 1951.
- Corbatti Sergio, Nava Marco, "*…Come il diamante! I carristi italiani 1943 – '45*", Laran Editions, Bru
- Crippa Paolo, "*I Reparti Corazzati della Repubblica Sociale Italiana 1943 -1945*", Marvia Edizioni, Voghera (PV), 2006.
- Crippa Paolo, "*I mezzi corazzati italiani della guerra civile 1943-1945*", Mattioli 1885, Fidenza (PR), 2015.
- Cucut Carlo, "*Le Forze Armate della R.S.I. 1943 – 1945 – Forze di terra*", G.M.T., Trento, 2005.
- Fabei Stefano, "*Il generale delle Camicie Nere*", Pietro Macchione Editore, Varese, 2013.
- Fabei Stefano, "*Tagliamento - La Legione delle Camicie nere in Russia (1941-1943)*", Edibus Comunicazione, Vicenza 2014.
- Galli Lodovico, "*L'eccidio di Rovetta – 28 aprile 1945 – Una spietata rappresaglia nella bergamasca*", Zanetti Editore, Montichiari (BS), 1994.
- Lenzi loris, "*Dal Dnieper al Don – La Legione CC.NN. Tagliamento in Russia*", Editore Volpe, Roma, 1968.
- Lucioli Massimo, Sabatini Davide, "*Rovetta 1945*", Edizioni Settimo Sigillo, Roma, 2001.
- Lucioli Massimo, Sabatini Davide, "*Padre Antonio di Gesù il Legionario di Dio*", Edizioni Settimo Sigillo, Roma, 2003.

- Rodolfo Graziadei, Pino De Rosa, "*Ultimo giorno, ultima ora, ultimo minuto*", Edizioni Settimo Sigillo, Roma, 2008.
- Lucioli Massimo e Sabatini Davide, "*Rovetta 1945*", Edizioni Settimo Sigillo, Roma, 2001.
- Malatesta Leonardo, "*La Legione Tagliamento dal 1923 al 1945. La nascita, il suo impiego bellico nella Seconda guerra mondiale e la guerra civile*", Centro Studi e Ricerche Storiche "Silentes Loquimur", Pordenone, 2012.
- Malatesta Leonardo, "*Storia della Legione Tagliamento*", Pietro Macchione Editore, Varese, 2015.
- Marinoni Nazareno, "*La terrazza sul cortile. I fatti di Rovetta del 28 aprile 1945 nei ricordi di un bambino*", Bergamo, Il filo di Arianna, Bergamo, 2005.
- Mazzantini Carlo, "*I Balilla andarono a Salò*", Marsilio, Venezia, 1997.
- Mazzantini Carlo, "*A cercar la bella morte*", Marsilio, Venezia, 2020.
- Moranino Luigi, "*Il primo inverno dei partigiani biellesi*", ISRSC, Vercelli, 1994.
- Orsi Alessandro, "*Un paese in guerra. La comunità di Crevacuore tra fascismo, Resistenza, dopoguerra*", ISRSC, Vercelli, 1994.
- Pansa Gianpaolo, "*Il sangue dei vinti*", Milano, Sperling & Kupfer Editore, Milano, 2003.
- Pansa Gianpaolo, "*I gendarmi della memoria*", Sperling & Kupfer Editore, Milano, 2007.
- Pisanò Giorgio, "*Gli ultimi in grigioverde*", Edizioni F.P.E., Milano, 1967.
- Pisanò Giorgio, "*La generazione che non si è arresa*", Edizioni F.P.E., Milano,1968.
- Pisanò Giorgio, "*Storia della Guerra Civile in Italia*", Edizioni F.P.E., Milano, 1967.
- Piovaticci Paolo, "*Sono morto per l'Italia. Messaggio estremo di un giovane eroe*", Fruska, Bibbiena (AR), 2006.
- Piovaticci Paolo, "*Associazione Reduci 1ª Legione d'assalto "M" Tagliamento*", a cura dell'Associazione Reduci, 2018.
- Renzetti Mariano, Caciolo Fernando, "*Gli esuli in Patria*", Edizioni Settimo Sigillo, Roma.
- Residori Sonia, "*Una legione in armi. La Tagliamento tra onore, fedeltà e sangue*", Cierre Edizioni, Caselle (VR), 2013.
- Rimanelli Giose, "*Tiro al piccione*", Einaudi, Torino, 1997.
- Romeo di Colloredo Mels Pierluigi, "Le camicie nere sul fronte russo 1941-1943", Soldiershop Publishing, Zaniga (BG), 2020.
- Spada Grazia, "*Il Moicano e i fatti di Rovetta*", Medusa Edizioni, Milano, 2008.
- Sparacino Fausto, "*Distintivi e medaglie della R.S.I. 19343/45*", EMI, Milano, 1988.
- Sparacino Fausto, "*Distintivi e medaglie della R.S.I. 19343/45 della Legione SS Italiana dei veterani della R.S.I.*", EMI, Milano, 1994.

TITOLI GIÀ PUBBLICATI
TITLES ALREADY PUBLISHING

THE BATTLE OF ANZIO
OPERATION SHINGLE JANUARY-JUNE 1944

THE ALPINE TROOPS
IN THE ITALIAN SOCIAL REPUBLIC (R.S.I.)

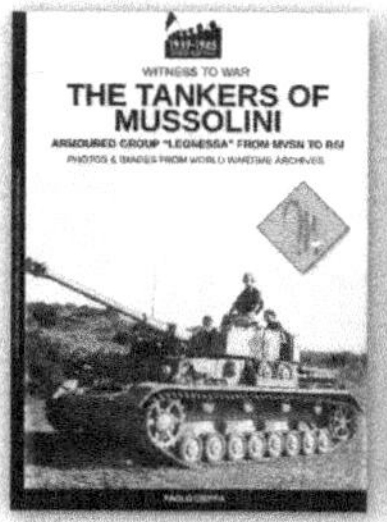

THE TANKERS OF MUSSOLINI
ARMOURED GROUP "LEGNESSA" FROM MVSN TO RSI

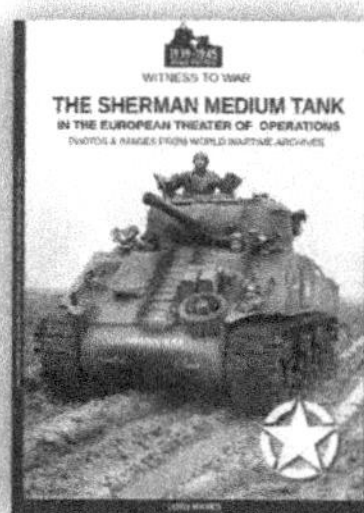

THE SHERMAN MEDIUM TANK
IN THE EUROPEAN THEATER OF OPERATIONS

REPARTI BERSAGLIERI NELLA R.S.I.

LE CINGOLETTE BRITANNICHE
DELLA SECONDA GUERRA MONDIALE

I REPARTI CORAZZATI ITALIANI NEI BALCANI
1941 - 1945

MILIZIA DIFESA TERRITORIALE E GUARDIE CIVICHE NELL'O.Z.A.K.
1943 -1945

LE WAFFEN SS GERMANICHE SUL FRONTE ITALIANO.
LE DIVISIONI "REICHSFÜHRER" E "KARSTJÄGER"

AERONAUTICA NAZIONALE REPUBBLICANA A.N.R.
1943-1945

LE DIVISIONI DELL'E.N.R
1943 – 1945 VOLUME 1
1a DIVISIONE "ITALIA"
2a DIVISIONE "LITTORIO"

REPARTI CORAZZATI JUGOSLAVI 1940 -1945

LA DECISIONE DI MUSSOLINI DI OCCUPARE LA GRECIA

BARI 1943 LA SECONDA PEARL HARBOR
I BOMBARDAMENTI TEDESCHI SUI PORTI DELL'ITALIA MERIDIONALE

BRESLAU 1945
L'ULTIMO BASTIONE DEL REICH

DALLA SICILIA AL SENIO
LA STRAORDINARIA STORIA DEL TENENTE GIORGIO DE SANCTIS

LE CAMICIE NERE SUL FRONTE RUSSO
1941- 1943

LE ARTIGLIERIE DELLE FORZE ARMATE DELLA REPUBBLICA SOCIALE ITALIANA

DIAVOLI BIANCHI!
IL BATTAGLIONE ALPINI SCIATORI "MONTE CERVINO"
1941- 1943

IL GRUPPO DI COMBATTIMENTO LEGNANO

LA LANDSCHUTZ DEL LITORALE ADRIATICO

BAUTZEN 1945
L'ULTIMA VITTORIA DEL TERZO REICH

I REPARTI CORAZZATI DEL REGIO ESERCITO E L'ARMISTIZIO
1° VOLUME

I REPARTI CORAZZATI DEL REGIO ESERCITO E L'ARMISTIZIO
2° VOLUME

LE DIVISIONI DELL'E.N.R
1943 – 1945 VOLUME 2
3ª DIVISIONE "SAN MARCO"
4ª DIVISIONE "MONTEROSA"